कविताएँ

शान्ति पर्व

शान्ति पर्व

आशीष त्रिपाठी

राजकमल पेपरबैक्स

राजकमल पेपरबैक्स में
पहला संस्करण : जनवरी, 2024
दूसरा संस्करण : नवम्बर, 2024

राजकमल पेपरबैक्स : उत्कृष्ट साहित्य के जनसुलभ संस्करण

राजकमल प्रकाशन प्रा. लि.
1-बी, नेताजी सुभाष मार्ग, दरियागंज
नई दिल्ली-110 002
द्वारा प्रकाशित

शाखाएँ : अशोक राजपथ, साइंस कॉलेज के सामने, पटना-800 006
पहली मंजिल, दरबारी बिल्डिंग, महात्मा गांधी मार्ग, प्रयागराज-211 001
1, अनमोल सोराबजी सन्तुक लेन, धोबी तलाव, मरीन लाइंस, मुम्बई-400 002
वेबसाइट : www.rajkamalprakashan.com
ई-मेल : info@rajkamalprakashan.com

विकास कम्प्यूटर एंड प्रिंटर्स
ट्रॉनिका सिटी-201 102
द्वारा मुद्रित

मूल्य : ₹250

SHANTI PARV
Poems by Ashish Tripathi

ISBN : 978-93-6086-628-0

वरिष्ठ कवि और आलोचक
श्री अशोक वाजपेयी को
सादर

इस संग्रह की कविताएँ 'तद्भव', 'हंस', 'पक्षधर', 'बनास', 'नया पथ', 'वर्तमान साहित्य', 'कृति बहुमत', 'देशधारा', 'गर्भनाल', 'साहित्य विमर्श', 'संकल्प सृजन' आदि पत्रिकाओं तथा 'पक्षधर वार्ता', 'समकालीन जनमत', 'असुविधा' आदि ब्लॉग-पत्रिकाओं में प्रकाशित हुई हैं। कवि इन पत्रिकाओं के सम्पादकों और पाठकों का आभारी है।

क्रम

सच मानो

जीना

जीना इस तरह
कि डूब सको
बच्चों की हँसी के समन्दर में

स्वाद उतरे आत्मा तक
कुतरे हुए कच्चे आम का

लौटो घर
तो दरवाज़ा उत्सुकता से
निहारे तुम्हारा चेहरा
और देहरी चूमे पैर

जीना इस तरह
कि याद कर सको दोस्तों को
और माफ़ कर सको
उन सबको
जिन्होंने व्यवहार किया
दुश्मन की तरह

जीना इस तरह
कि याद रहे हर पल
ये धरती छोड़ कर जाना है
बच्चों के लिए
कच्चे अमरूद की तरह
गोल और पुष्ट

मेरी आत्मा

एकान्त में सदियों से खड़ी
उदास बूढ़ी इमारतें
मेरी आत्मा में बसी हैं

मेरी आत्मा में बहती हैं
निर्जन से चुपचाप गुज़रती नदियाँ

पर्यटन से बाहर छूट गया देश
धरती सा हरियाता है
मेरी आत्मा में

रात और भोर की सन्धि में
चुपचाप जागते तारे
मेरी आत्मा में जगमगाते हैं

ज़िन्दगी फिर

ज़िन्दगी फिर अपने पंख फैला रही है

अपने मुलायम पंखों से छू रही है मेरी आत्मा को
मेरे वर्तमान को दे रही है अपना सबसे कोमल स्पर्श
मेरे अतीत पर फैला रही है शरद की नर्म धूप

ज़िन्दगी फिर अपने पंख फैला रही है

कितनी सुहानी लगती हैं फैली हुई सब्ज़ियाँ
पालक, लौकी, भिंडी और नेनुआ की हरियाली
सोख लेती है आत्मा का कलुष
टमाटर की ललाई खींचकर सुला देती है सब उलझनों को
और ये कत्थई सिंघाड़ा सारी तेजाई को बदल देता है सुस्ती में

इस विलम्बित लय में
कितना सुन्दर है सब कुछ
न कहीं जाने की हड़बड़ी है न कुछ खोने का भय

भटियार की किसी पुरानी बन्दिश सी
ज़िन्दगी धीरे-धीरे सीझती है मेरे भीतर

ज़िन्दगी फिर अपने पंख फैला रही है

सच मानो

(उस्ताद बिस्मिल्लाह ख़ान को समर्पित)

सुरीली लगती है अज़ान
और मंदिरों की घंटियों की आवाज़

सुर की डगर है भगवान तक पहुँचने का रास्ता
और राग ख़ुदा का घर

बनारस मेरे लिए काबा है

तुम देवताओं के घरों के लिए लड़ते हो
पर क्या जानते हो कहाँ रहते हैं देवता

त्रिशूल, तलवार और गड़ासा लेकर
जब तुम निकलते हो सड़क पर
ख़ून के प्यासे होकर
मैं देख पाता हूँ तुम्हारी आत्मा से
कूच कर गया है तुम्हारा भगवान

प्रार्थना करता हूँ
वह लौट आए तुम्हारे भीतर

जब तुम प्यार करते हो बच्चों को बच्चों की तरह
गले मिलते हो किसी अनजान को भाई मानकर
मुझे तुम्हारी देह
सच मानो
भगवान का सबसे पवित्र घर लगती है

एक सुबह अस्पताल

बीतती हुई यह सुबह है
सितम्बर की, ठेठ हिन्दुस्तानी सुबह

संतरे के पीले रंग सी
फैली है रोशनी
जिससे मिल सा जाता है उस बच्ची के कुरते का रंग

नौ-दस बरस की वह बच्ची रोती है बेआवाज़
बस गीली हैं उसकी आँखें
वह नहीं देखती, बग़ल में मरीज़ के बिस्तर पर पड़ी माँ की ओर
न ही उसे छूती, न चिपकती

उसकी आँखें अँसुआई खुली हैं सामने फैले शून्य में

सरकारी अस्पताल के जनरल भर्ती वार्ड में
उस बीमार अधेड़ होती स्त्री को घेरकर
खड़ी औरतों का समूह रोता है एक विचित्र कोरस में
औरतें, जो अभी थोड़ी देर पहले आई हैं गाँव से
और थोड़ी ही देर में लौट जाएँगी

बेटी की पनिआई आँखों से थोड़ा तिर्यक में
दो क़दम की दूरी पर
बेआवाज़ रोती है माँ बेटी के पीछे

बेटी की आँखों में तैर आई है
लगातार रोने से उपजी लाली

गाँव की औरतों के साथ दरवाज़ा पार करते
वह पिता को देखती है
जो भरी भीड़ में खिड़की के पार देखता रोता है बेआवाज़

बीमार पत्नी अचरज से देखती है पति को
जो खिड़की के पार देखता
खोल रहा है अनन्त दुखों की ख़ूब कसके बाँधी कई गाँठों वाली पोटली

उसका मन है कि पकड़ ले पति की साँवली इकहरी बाँह
पर दो गज़ की दूरी, जैसे अनन्त है उसके लिए
वह जानती है यह रोना
जैसे तैयारी है अगले कष्टों को सहने की

औरतें बेटी का हाथ पकड़े
पार कर रही हैं दरवाज़ा
मुड़ मुड़ देखती

यह एक बीतती हुई सुबह है
सितम्बर की

पुरवा

ठेठ हिन्दुस्तानी गर्मी सी गर्मी है यह

हवा तपती ही जाती है इस दोपहर
जलाती है त्वचा को
छाया का टुकड़ा
किसी बिलकुल अपने की तरह तन जाता है सर पर
और लू से जलती देह ही नहीं
आत्मा भी सुकून से खोल देती है अपने बंध

पुरवा में समाया
मिट्टी के घड़े का आठ-दस घूँट पानी
जैसे जीवन सा मिलता है देह को

पुरवा मिलता है होंठों से
जैसे माटी मिलती है माटी से

पुरानी नाद का छोटा प्रतिरूप
यह पुरवा

सुडौल
अपनी ही तरह का ख़ास

प्लास्टिक की अति के समय में
पुराने जीवन का विनम्र योद्धा
खड़ा है उसके सामने
बिना सकुचाए

शायद ललकारता सा—'तुम
ख़ुद के ही जीवन को संकट में डालने वाली
लोलुप सभ्यता की नई खोज
और हम सबसे पुराने साथी मनुष्य के

तुम बने रहोगे धरती पर
मनुष्यों के जीवन पर
संकट की तरह
एक हम हैं हमें देखो
फेंके भी गए तो मिल जाएँगे उसी माटी में जिससे रचे गए'

पुरवा को हाथ में लेते
मेरी आँखों में तैरती हैं
बचपन में गाँव में बिताई गर्मियाँ
और वे अनथक उत्साह से भरी दोपहरें

एक बग़ीचे से दूसरे बग़ीचे
एक घर से दूसरे घर के बीच
दौड़ते भागते हमारे पैर
और इस भागमभाग में सूखते हमारे कंठों में आया

मिट्टी के छोटे ज़मीन में थोड़े धँसे
घैलों के पानी की वह ठंडक
और वह स्वाद

मेरे होंठों से लगते ही यह पुरवा
खोलता है एक दरवाज़ा
पुरखों की दुनिया का

बरसात

आम के पेड़ बने रहते हैं स्थिर
बस यूँ ही कभी-कभी पलकों की तरह हिलती हैं उनकी पत्तियाँ

ऊँचे दुबले पेड़ ऊपर
जैसे लहालोट हो रहे हों किसी लतीफ़े से

केले के पत्ते
तो जैसे एक धुन में रमे हों
गर्दन हिलाते रसिक से डूबे एक लय में

आम के पेड़ के नीचे
पता नहीं कहाँ से आ गई हैं इतनी गायें
जब वे आती हैं तेज़ बारिस में
सर झुका कर तेज़-तेज़ क़दम चलतीं
अजीब हैं मानुषों सी लगती हैं बिलकुल

जहाँ पानी इकट्ठा हो गया है
वहाँ पानी की सबसे छोटी बूँद भी कैसे

अपने आने का पता देती है

और यह हवा जो छूती है अभी बदन को
इसके सुख के बारे में शब्द नहीं है हमारी भाषा में

कामवाली एक औरत
अभी गुज़री है सामने से
उस गाय की तरह सिर झुकाए
उसके बदन से गिरती हैं जो बूँदें
उनमें मिला है उसके शरीर का नमक
जैसे कि गिरती हुई बूँदें लेती आई हैं
धरती के ऊपरी आँचलों का स्वाद
अपने में मिलाती

इस बारिस से भी खुलता है अर्थ
रोम रोम जुड़ाने के मुहावरे का

बारिस की तेज़ बूँदों सी गिरी हैं
अभी जामुनें,
बूँद की ही तरह धरती पर

संकेत-ध्वनि

(आकाशवाणी की संकेत-ध्वनि सुनते हुए)

सुदूर बचपन से आती एक धुन
जगाती है आज भी आत्मा को

सरलता का दुहराव कितना कठिन है
पर कितना जादुई है उसका स्पर्श

डूबने के लिए
कितना थोड़ा सा जल चाहिए आदमी को

लगता था यह धुन नहीं बजी
तो नहीं उगेगा सूरज
नहीं होगा सोने का समय

जीवन को पुकारती यह धुन
चली आती है आज भी
जैसे चली आती है
एक सुबह बचपन से

उनके होने से

(कोविड तालाबन्दी में ख़ाली कक्षाओं से गुज़रते हुए)

जैसे सब कुछ ठहर गया है
रुक गई है जीवन की नदी
थम गई हैं लहरें
धारें जमी सी हैं

वे जिनके होने से था जीवन
कहीं दूर क़ैद हैं

उनके होने से
आगे वाली बेंच
बात करने लगती थी पीछे की बेंच से
कमरों में टहलती थीं बेताबियाँ
सुकून खोजती अकुलाहटें दिख जाती थीं सीढ़ियों पर
भविष्य के सुन्दर नक़्शे बनातीं आवाज़ें
बहस में उलझी अक्सर
निकल जाती थीं बग़ल से

उनकी आवाज़ों में परिंदों सी मिठास है
नदियों सा प्रवाह
और समन्दर सी असीमता
उनके होने से लगता था
आकाश बना है उनकी उड़ानों के लिए

उनके होने से किताबें हो जाती थीं जीवित
किताबों से निकल कर हमसे बातें करने लगते थे चरित्र

मीरा अक्सर इन दिनों शशि और कमली से बातें कर लेती थीं
गोपियों संग खेलती थीं निपुणिका और शीलो
धनिया समझाने बैठ जाती थी चंपा को
बेचैन है भट्टनी
उसे मालती का संग नहीं मिल रहा
सीता मुग्ध रहती थी
तारा और कनक को देखकर
सब मिलकर मज़ाक़ उड़ाती थीं उद्धव और मेहता का
और हँसती थीं होरी के साथ

चारों ओर पसरी है चुप्पी

ये जगहें सिर्फ़ उनके होने से धरती की तीर्थ हैं
वे हैं तो गिरेगा एक दिन
सबसे ताक़तवर ज़मीनी देवता का
सबसे सुरक्षित
हज़ार परकोटों वाला महल

वे हैं तो ज़िन्दा हैं उम्मीदें

मैं उन सबसे हाथ मिलाना चाहता हूँ
चूमना चाहता हूँ उनके माथे
बताना चाहता हूँ उन्हें
उनका होना ज़िन्दगी का होना है

इन दिनों

(कोविड तालाबन्दी में)

चिड़ियों की आवाज़ के साथ
हवाएँ आहिस्ता छूती हैं देह को
जैसे वे छूना चाहती हों आहत आत्मा

आत्मा का कलुष निथर रहा है
समन्दरों और नदियों की तरह
आत्मा के अँधेरे कोनों में
छुपती आईं इच्छाएँ
शार्क मछलियों सी
अठखेलियाँ कर रही हैं किनारे आकर

इन दिनों प्यार छलकता है हर पल

प्यार के लिए
आत्मा को चाहिए
ऐसा ही पुनर्जीवन
ऐसी ही निर्लिप्तता
ऐसी ही प्रतीक्षा

पुराना घर

खड़ा हूँ बरसों पहले छूट गए
किराये के घर के सामने
घर, जिसने कई कठिन सालों में छाँव दी
और साथी रहा अकेलेपन का

आज यहाँ धूप है
छाया का एक भी टुकड़ा नहीं है मेरे हिस्से
खुला नहीं है कोई दरवाज़ा मेरे लिए

अतीत की एक फाँक
छाते की तरह
तनी है मेरी आत्मा पर
देह धूप से तप रही है

दूध पीते बच्चे को देख कर

स्तनों को अपने कोमल होंठों के बीच दबाए
दूध की धार खींचता
वह मूँद लेता है अपनी आँखें
जैसे महासुख तृप्ति में नहीं
तृप्ति की प्रक्रिया में है

अपने शुरुआती दिनों में
वह जानता भी नहीं था
दूध पीना ठीक ठीक
मुँह फैलाकर, बन्द आँखों से
माँ की देह में कहीं भी खोजता था वह जगह
जहाँ से झरती है दूध की धार

बाद की ज़िन्दगी में
पता नहीं किस-किस चीज़ की खोज में भागते लोग
भूल जाते हैं अपनी सबसे पहली खोज
भूख का प्रश्न बेमानी हो जाता है
अपनी भूख का इन्तज़ाम होते ही

अभी यह शिशु डूबा है मगन
बन्द हैं उसकी आँखें
अपने हाथों और पाँवों को धीरे-धीरे चलाता
वह जैसे माँ की गोद में लोर रहा है
माँ उसके सर पर हाथ फेरती निहारती है मगन

इस शिशु को देख आँखों में कौंधते हैं और बच्चे

दूध पीता बछड़ा हुमकता है भूख के आवेग में
आघात को सहती माँ गाय
उसकी देह को चाटती रहती है अपनी करबरी चौड़ी जीभ से
ज़मीन पर पसरी माँ-कुतिया के थनों को
चूसते-हुमकते उसके कई पिल्ले
थनों की अदला-बदली और छीना-झपटी करते
कभी शान्त नहीं होते
माँ-सुअर के साथ चलते चलते थनों को चूसते कई शिशु
थन छूटने पर पीछे पीछे दौड़ते चले जाते हैं दूर तक

दूध पीते सब शिशु दीखते हैं संलग्न, उद्विग्न और व्यग्र
और दूध छूटने पर कैसे उत्तेजित हो शोर मचाते हैं
सहज ही याद आता है
इस शिशु को देखकर

दूध पीते इस बच्चे को देख कर
याद आती हैं बचपन की
वे गँवई सुबहें
और किसान शामें
जब दूध दुहते

किसान औरतें और पुरुष
बछिया-बछवा को ले जाते थे गाय के पास
चार थनों में दो थनों को दुह लेते थे वे
और ज़रूरत पड़ने पर तीन भी
जब दुहने होते थे चारों थन
तब भी बच्चे लाए जाते थे सिर्फ़ इसलिए माँ के पास
कि उसे देखकर उतरे थनों में दूध

बछड़ों-बछियों के हिस्से का दूध पीकर ही
सदियों से स्वस्थ और बलवान बनता आया है मनुष्य

मनुष्य की महान जय यात्रा की कहानी
दरअसल शुरू होती है यहीं से
दो, तीन या चार थनों के दुह लिए जाने का स्वीकार ही है
सभ्यता की पहली मंज़िल

इस दूध पीते बच्चे को देखते
स्मृति में उभरती हैं कथाएँ उन धाय माँओं की
जिन्होंने अपने बच्चों के हिस्से का दूध
पिलाया ताक़तवर जनों के बच्चों को

इन धाय माँओं ने ही जाना होगा सबसे पहले
धरती का दुख
आख़िर धरती भी तो सदियों से
मजबूर धाय की तरह
अपने सगे बच्चों का हिस्सा
शक्तिवानों की सेवा में समर्पित करती आ रही है

इस दूध पीते बच्चे को देखते
मेरी आँखों में तैरती है धरती
एक गाय की तरह विवश
सहती अनन्तकाल से
दो, तीन या चार थनों का दुह लिया जाना
चुपचाप

कलयुग

समय

गड़ासे सा तना है समय मेरी गर्दन पर

सनातन सिर्फ़ संस्था का नाम नहीं है

हत्यारे मानुष से ख़तरनाक हैं
हत्यारे विचार

अहिंसा मानने का भरम देने वालों के दिमाग़ों में
चलती रहती हैं
जनसंहार की योजनाएँ
वीरता के नाम पर
वे हिंसा के कारख़ाने चलाते हैं

समन्वय की मीठी गोली देने वाले
घूमते हैं त्रिशूल लेकर
उनके भगवान के प्रत्येक भाले पर है
एक विरोधी का कटा हुआ सर

कलयुग

यह उस युग की बात है
जब भाषा से
सौम्यता,उदारता और विनम्रता जैसे शब्दों का लोप हो गया था
सहनशीलता और सहिष्णुता—बस राजनैतिक अनुष्ठानों में बाक़ी थे

हर आदमी के हाथ में
एक पुरातन लोकनायक का धनुष था,
जिसकी प्रत्यंचा तनी हुई थी
'भय से उपजती है प्रीत'—समाज का
आदर्श वाक्य था

प्रेम पर नैतिक पाबन्दियाँ थीं
सहनशीलता कमज़ोरी का लक्षण
रौद्र और वीर सबसे प्रमुख रस
शृंगार छिछोरेपन का सूचक
उदारता दोमुँहेपन का लक्षण मान ली गई थी

सिर्फ़ पुरस्कार के लिए

कविताएँ लिखने वाले कवि राजकवि थे
फिर भी 'कविता' पर सन्देह किया जाता था
क्योंकि उसमें भाषा के गुणों का उपयोग करने की शक्ति शेष थी

जनता की भाषाओं को मार देने की ख़ुफ़िया परियोजनाएँ जारी थीं

लोकतंत्र में संख्याबल ही एकमात्र कसौटी था
राजनीति पारिवारिक जायदाद
जाति और धर्म
मरी हुई खाल पर चिपके आभूषण
प्रवचन उद्योग सबसे बड़ा उद्योग
कुछ ख़ास संगठनों की सदस्यता देश प्रेम
कुछ ख़ास कम्पनियों का सामान ख़रीदना नागरिक ज़िम्मेदारी
जनता को मुफ़्तख़ोर बनाने के लिए
लखमुखी योजनाएँ

यह उस युग की बात थी
जब अपराधी का साथ सुरक्षा की गारंटी था
हत्यारे नायक माने जा रहे थे
सामूहिक जनसंहार के रचयिताओं ने
इतिहास से महानायकों को बेदख़ल कर दिया था

इस बखान से कहीं आप
फ़िक्रमंद तो नहीं हो गए
चिन्ता मत कीजे हुज़ूर
वह कलयुग बीते सदियाँ बीत गई हैं
अभी तो सतयुग चल रहा है

नया गणतंत्र

गणतंत्र में अब सिर्फ़ सत्ता पक्ष होगा
विपक्ष भी चुना जाएगा उसकी सहमति से
इस तरकीब से पक्ष और विपक्ष का रोचक खेल ज़ारी रहेगा
रुपहले पर्दे पर मुर्ग़ा युद्ध की तरह चलती रहेंगी बहसें

संघर्ष सिर्फ़ एक शिल्प का नाम होगा
जिससे कथ्य कब का छिटक गया होगा
जो भी लड़ता हुआ आएगा सामने
विक्षिप्त साबित कर दिया जाएगा
जो विजयी के साथ नहीं
उसके जीने पर सन्देह बना रहेगा

रेत की तरह
चारों ओर फैली होंगी
पुरानी
उम्मीद भरी कथाएँ
जिन पर पाँव धरते ही
पता चलेगा
यह तो राख है

महान किताबों की

सत्य सिर्फ़ वह माना जाएगा
जिसकी आधिकारिक घोषणा करेंगे मंत्री
राज्य के अधिकारियों क़ी सहमति से
जो दिखाया जाएगा रुपहले पर्दे पर
वह सत्य से भी अधिक सत्य होगा

रुपहला पर्दा सत्ता पक्ष हो जाएगा

राजाज्ञाएँ मानने वाले लोग ही
माने जाएँगे राष्ट्र भक्त

जो राजकीय घोषणाओं पर
तालियाँ नहीं बजाएँगे
सन्देह के दायरे में होंगे
असहमत लोग अछूतों की तरह
धीरे-धीरे फेंक दिए जाएँगे
नये दक्खिन टोलों में

विरोधियों के लिए समाज से बाहर
पृथक यातनागृहों की आवश्यकता न होगी
परिवार ही यातनागृहों में तब्दील हो जाएँगे

संविधान की पोथी
सिर्फ़ राजकीय अनुष्ठानों में पूजी जाएगी
कभी कभी उसके कुछ संत वाक्यों को
मंत्रों की तरह सुनाया जाएगा राष्ट्रीय प्रसारणों में

धर्म परिषद के निर्देश पर चलेगी जन परिषद
राज कर्मचारी सिर्फ़ कार्यालय सँभालेंगे
वास्तविक व्यवस्था तो टिकी होगी
गणाधिपति श्रीमंत के मित्र धनिकों, भक्त संगठनों और
अनुयायियों के कन्धों पर

भ्रष्टाचार पुराने गणतंत्र का मिट चुका अवशेष होगा
फिर भी विदेशों की धन संग्राहक संस्थाओं में जमा पैसा
दिन दूने रात चौगुने की गति से बढ़ता रहेगा
भूख, प्रसन्नता, न्याय और स्वतंत्रता आदि की अन्तरराष्ट्रीय सूचियों में
साल दर साल गिरती स्थिति को साजिश करार दिया जाएगा

इस पूरे आख्यान में जनता तभी प्रवेश करेगी
जब लगाने होंगे गणाधिपति श्रीमंत के जयकारे
या फिर उन्हें ही चुनने के लिए
हाथ की उँगली पर नीला निशान

चुनाव का अर्थ सिर्फ़ हाँ कहना होगा

प्रत्येक जाति एक पृथक समाज होगी

कुछ समुदायों को जन्मजात अपराधी घोषित कर दिया जाएगा
सिपाही जब चाहें उन्हें जेल में डाल सकेंगे
उन्हें सड़क पर कभी भी पीट देने की इजाज़त होगी
राष्ट्र-भक्त संगठन उन्हें लगातार अपमानित करते रहेंगे
कि उसके कुछ गर्म ख़ून युवा
अपराध कर सुकून का अनुभव करेंगे
और तब राष्ट्रीय सहमति से उन्हें

मृत्यु दंड दे दिया जाएगा
इस तरह लाखों लोगों की अकारण जेलबन्दी
वैध बना दी जाएगी

जब एक समुदाय इस तरह धकेला जा रहा होगा
राष्ट्र की परिधि से बाहर
बाक़ी सभी समुदाय चुप रहेंगे
इस तरह बहिष्करण की प्रक्रिया शान्तिपूर्वक सम्पन्न होगी

सत्ता में भागीदारी को ही
मुक्ति मान लिया जाएगा

पुलिस सिर्फ़ मंत्रियों की सुरक्षा में लगी होगी
अपराधियों को सज़ा देने का काम
राष्ट्र के सच्चे नागरिक स्वयं कर लेंगे

न्यायाधीश राष्ट्रभक्तों की भावनाओं को
ध्यान में रख कर न्याय करेंगे
असहमत लोग
राष्ट्रीय सुरक्षा के लिए ख़तरा होंगे
इसलिए उन्हें कारागार में रखना न्याय माना जाएगा
गणपतियों के पक्ष में फ़ैसला देने वाले न्यायपति
अवकाश प्राप्त करते ही
गणपरिषदों में नामित कर दिए जाएँगे

राजकीय राष्ट्रीय का समानार्थी हो जाएगा

राजनीतिक कार्यक्रम

फ़ैशन परेडों और मनोरंजक कार्यक्रमों में बदल जाएँगे
निर्धनता, अन्याय और तरह तरह के दुखों को
कथा साबित कर दिया जाएगा
जनता की ख़ुशहाली के चित्र राजकीय विज्ञापनों में जगमगाएँगे
पुराने गणतंत्र की स्मृतियाँ
अपराध करार दी जाएँगी

स्वतंत्रता दिवस की तारीख़ बदलने पर भी
विचार किया जा सकता है

क्रान्तियाँ सिर्फ़ फ़ेसबुक पर होंगी

राजाज्ञाओं के कहर से बचे लोग
हाँफेंगे फ़ेसबुक पर
फ़ेसबुकिया क्रान्तिकारी
धर्म और जात देखकर
लोगों को तरह तरह की आकर्षक श्रेणियों में
सूचीबद्ध करते रहेंगे

नायकों की मूर्तियाँ
दीमक
के ढेर-सी
खड़ी होंगी

नया गणतंत्र रुपहले पर्दे पर चमकेगा दिन-ब-दिन
वास्तविक देश नेपथ्य में डाल दिया जाएगा
गाँवों के हाशिये पर जीते रहेंगे गाँव
नगरों के हाशिये पर नगर

महानगरों का हाशिया कभी कभी देश से बड़ा हो जाएगा

नगरों महानगरों के हाशिये पर
सालों साल आन्दोलन करते रहेंगे कुछ पागल और सिरफिरे
इस परिघटना को पुराने गणतंत्र की निशानी माना जाएगा
और अन्ततः एक दिन आन्दोलन और पुराना गणतंत्र
धीरे-धीरे परिदृश्य से ग़ायब कर दिए जाएँगे

जयकारों में खो जाएँगी सिसकियाँ
विलाप सुने न जा सकेंगे

चमकते गणतंत्र के
प्रकाश वृत्त से बाहर
नेपथ्य में जीता देश
एक दिन प्रकाश नदों पर बाड़े बना देगा
सूर्य नेपथ्य का बन्दी होगा
एक दिन

शान्ति पर्व

(नवआगतों के बौद्धिक में राष्ट्र धर्म संघ के प्रान्त प्रमुख का उद्‌बोधन)

खड़ा होता है
जो भी हमारे विरुद्ध
सबसे पहले
उसे गाली दो सेक्युलर कहकर

जो दुर्जन उठाता है
हमारे किसी कार्य या विचार पर प्रश्न
उसके घर भेजो
सुयोधन सेना का कोई जवान

उसके हर विचार पर नज़र रखो
घृणा पैदा करो उसके प्रति
हू हू सेना को लगाओ पीछे
डर पैदा करो उसके लोगों के मन में

सबसे अधिक ज़रूरी है
साबित करो उसे धर्म विरोधी
इससे भी न चले काम

तो उसके राष्ट्र प्रेम पर सन्देह पैदा करो लोगों के मन में
यह नुस्खा अचूक है
काम करेगा प्रत्येक परिस्थिति में

हू हू करने और
सुयोधन सेना के डराने से नहीं डरे जो
ऐसा आदमी ख़तरनाक हो सकता है
उसे देना होगा मोक्ष

ध्यान रखो !
किसी भी परिस्थिति में लोगों के मन में
उसके लिए सहानुभूति पैदा न हो
पहले एक बूढ़े की हत्या में धोखा खा चुके हैं हम

जारी रखना होगा उसके विरुद्ध प्रचार
मृत्यु के उपरान्त भी

यह भी याद रखो
उसकी हत्या के बाद का हमारा बयान पहले से तैयार होना चाहिए
हम उसकी हत्या की निंदा करेंगे
साथ ही कहेंगे यह भी
उसे अतिवादी विचारों पर नियंत्रण रखना चाहिए था

ऐसी प्रत्येक घटना के बाद
राष्ट्र, लोकतंत्र और संविधान की जय के नारे लगाना
लाभदायक होता है
इसमें चूक नहीं होनी चाहिए

इस तरह हम चहुँओर शान्ति स्थापित कर देंगे
आप जानते ही हैं हम शान्ति को कितना महत्त्व देते हैं

आइए
समवेत स्वर में
शान्ति मंत्र का पाठ करें

मुखौटे

राजा को प्रिय हैं मुखौटे

राजा जब भी आते हैं मंच पर
धर लेते हैं एक मुखौटा
उनके जलसाघर में मौजूद हैं
भिन्न-भिन्न मानवीय भावों वाले अनन्त मुखौटे

जनसंहार प्रायोजित करने के बाद
वीरता का मुखौटा
साहस पैदा करता है समर्थकों में
हत्याओं की श्रृंखला संचालित करने के बाद
अचानक महात्मा का मुखौटा
पहन लेना ठीक नहीं होता

ग़ज़ब है मुखौटों की दुनिया

कभी-कभी
जब नागरिकों के सामने

पहनकर जाते हैं महाभिक्खु का मुखौटा
तो कोई जान नहीं पाता
ठीक उसके पहले
अपने व्यापारी मित्रों के नाम कर चुके होते हैं
राष्ट्र की अनन्त सम्पदा

जब समर्थकों के बीच होने लगती है
कमी उत्साह की
राजा पहनते हैं वीर मुखौटा
हत्याओं से जब ऊबने लगते हैं
समर्थक हत्यारे
राजा को पहनना ही होता है
रौद्र मुखौटा

कमाल ढाते हैं राजा
जब वे पहनते हैं विदूषक मुखौटा
लूट लेते हैं लाखों की सभा
हँसी के समन्दर में डूब जाती है जनता
जब वे सभाओं में नक़ल उतार कर
करते हैं विरोधियों का उपहास

बुद्ध का मुखौटा इन दिनों प्रिय है राजा को
अक्सर उसे लगाकर वे सो जाते हैं सभाओं में

राजा को इतने प्रिय हैं मुखौटे
कि जनता भूल गई है इन दिनों
उनका असली चेहरा

राजा की जगह आकाश में तैरते हैं
राजा के मुखौटे

सन्धियाँ करते हैं राजा
सिंहासन पर बैठते हैं मुखौटे

मेरी नींद

अभी मेरी नींद का रंग है
गहरा स्लेटी
काले की ओर झुकता धीरे-धीरे

मेरी नींद की देहरी पर खड़ा है
जुनैद का हमशक्ल
जलती भट्टी की दीवार सा है उसका रंग
उसकी आँखों में करुण अंगारी धधक है

नींद की देहरी के भीतर मैं उसे छूने बढ़ता हूँ
कि उसके चेहरे से
झाँकने लगता है
अयूब का सख़्त कर्मठ चेहरा
और पार्श्व से गूँजती है
जुनैद की महतारी के रुदन को ओवरलैप करती
अयूब की बहन की आवाज़

मेरी नींद हामिद के साथ

जुनैद के गाँव में भटकती है
ईदगाह आया हर बच्चा डरा हुआ है
नमाज़ के बाद किसी ने
किसी को मुबारकबाद नहीं दी है

मेरी नींद में कहीं गहरे अँधेरे से आती है
नज़ीर की आवाज़
कि अचानक
दौड़ती आती हैं पहलू ख़ान की गायें
बंबाती हुई
उनमें से एक की शकल
मतवारी से मिलती है हूबहू
बचपन में मेरे घर की सबसे दुधारू गाय

नींद का रंग कालिख हुआ जाता है

एक बड़ी सैकड़ों दरवाज़ों वाली बड़ी हवेली में
भटकती है नींद
जिसका हर दरवाज़ा बाहर से बन्द है

हवेली के भीतर
दुनिया का सबसे बड़ा रेगिस्तान
धूप में तप रहा है

भयानक लू के बीच
भीतर एक कमरे में बँटते हैं हत्यारे क़र्ज़
आत्महत्या कर चुके सभी किसान खड़े हैं सामने
पर क़र्ज़ लेने के लिए

लगी हैं लम्बी लाइनें
जिनके भाइयों ने आत्महत्या की
जिनके पिताओं ने फाँसी लगाई
वे किसान भी खड़े हैं पंक्ति में चुपचाप
उनकी आँखों में पसरी है
भयानक ठंडी राख ठंडी चिता की

मेरी नींद का रंग
गीले कत्थे सा था अभी

नींद में लाखों दृश्य
एक दूसरे को ठेलते चले आते हैं
कि अचानक चारों ओर छा जाती है महाचुप्पी
पीछे की सब आवाज़ें चुप हैं
और बेआवाज़ रुदन का महाकोरस
दृश्य में चलता है

मेरी नींद
लाखों आँखों में राख सी उड़ती है

बिना तेल की बाती सी भभकती है
जलती है अन्धी
मेरी नींद

काला सूर्य

1

आकाश है नीला
पर दीखता है अभी काला

दूर दिखती इमारत का रंग है गेरुआ
बेला के फूलों का सफ़ेद
बुद्ध की किताब का मुख पृष्ठ पीला
पर सभी दीखते हैं काले

हम करते हैं रोशनी
नज़दीक की चीज़ें दीखने लगती हैं
अपने अपने रंगों में
पर दूर तक दीखती धरती का रंग
बना रहता है काला

यह रात नहीं है
दिन है चढ़ा हुआ

चारों ओर फैला है परतदार अँधेरा

आसमान पर दमक रहा है प्रचंड काला सूर्य

2

तेजस्वी काले सूर्य की ओर देखते
आँखों में समाता जाता है अन्धापन

काले सूर्य का नया सौर्य मंडल
परिक्रमा कर रहा है आकाश गंगा में

काले सूर्य के उपासक ऋषि
रचते हैं नई ऋचाएँ नई संहिताएँ
श्वेत, प्रकाश और उज्ज्वल को सन्दिग्ध बनाते उनके वचन
तैरते हैं चारों ओर

स्याह के ढिंढोरची
दिन रात ढोल पीट पीट गाते हैं
नये सूर्य की महानता के गीत
असेत की रक्षा में खड़ी है
स्वयंसेवकों, प्रचारकों और बौद्धिकों की सेना

चारों ओर सुनाई देती है नये सूर्य की विरुदावली
गाँव-गाँव नगर-नगर
चालिसे और शतक गूँजते हैं

नये ऋषि कहते हैं
नई ऊँचाइयों से खड़े होकर—'नये सूर्य का पथ ही अन्तिम है'
वे ख़ुद को असंपृक्त और विरागी कहते हैं
और बार बार दीखते हैं सूर्य महल की परिक्रमा करते

अँधेरे और उजाले
उज्ज्वल और स्याह
के अन्तर को पाट देना चाहते हैं नये ऋषि
उनके लेखे श्वेत से उज्ज्वल और पवित्र है श्याम
उन्होंने नये सूर्य को
नया ईश्वर सिद्ध कर दिया है

3

उजले सूर्य फेंक दिये गए हैं
आकाश गंगा से बाहर

उजाले के दीवाने
गाँवों और नगरों की गलियों में घूम रहे हैं
पराजित
बहिष्कृत
लांछित

कब के ख़त्म हो चुके हैं उजले दिन

कालिमा के चारण
उजले दिनों में छिप कर भी गाते थे स्याह गीत

और छिपे रहते थे उजले ऋषियों के बीच

'उजले की कमज़ोरियों के कारण ही
आएगी एक दिन कालिमा'—कुछ अघोरी चिल्लाते थे दिन रात
उजले ऋषियों की आँख में भी खटकती थीं स्याह ऋचाएँ
पर उन्हें उजाले की शक्ति पर इतना भरोसा था
कि वे स्याह वचनों को नज़रअन्दाज़ करते थे

अब सब भटकते हैं उजाले को खोजते

आकाश में चमकती है काली रोशनी
'नया प्रकाश', 'नई उड़ान', 'नई गति'—असेत ऋषि बुदबुदाते हैं
अभ्यर्थना में

उजली ऋचाएँ भाषा से बाहर फेंक दी गई हैं

4

मेरी भाषा उजाले की भाषा है
जिसकी सन्धि सन्धि में समाई है
करोड़ों लोगों की निर्मलता
उस पर छाते जा रहे हैं
कालिमा के ध्वज वाहकों के शब्द और वाक्य
बेदख़ल कर दिए गए हैं प्रश्नचिह्न
असहमतियाँ कारावास झेल रही हैं
समास चिह्न दंड भुगत रहे हैं
सन्धियाँ पगलाई सी घूम रही हैं बेचैन

भाषा का साधारण विन्यास
घृणा के ज़हर से भरता जाता है
उससे ग़ायब हो गए हैं प्यार के रंग
उसके तेवर अकारण ऐंठे रहते हैं
उसकी ध्वनियों में
चुभने और पीड़ा देने वाली
भंगिमाएँ घर करती जा रही हैं
अपनाने की बजाय अलगाने
पराया बनाने वाली ध्वनियाँ
दबंगों सी घूम रही हैं
चीख़ते चिल्लाते धमकाते

सिसकियाँ खदेड़ी जा रही हैं
उसकी गलियों से
हिंसा और हत्या के लिए उकसाने वाले वचन
मंत्रों की तरह दुहराए जा रहे हैं

उन्माद से भरे लोग
सड़कों, बसों, ट्रेनों, बाज़ारों और खेतों में
कहीं भी किसी को पीटना शुरू कर देते हैं
भाषा, हुलिया और पोशाक देखकर

बच्चों और स्त्रियों की
अब तक निर्मल रही आई आत्मा में
भरी जा रही है घृणा की स्याही

काले सूर्य की प्रतिमाएँ
प्रत्येक चौराहे पर मुस्कराती हैं आहिस्ता आहिस्ता

5

सब कुछ गिर रहा है धीरे-धीरे

पवित्रताएँ गिराई जा रही हैं
ऊँचाइयों से
सबसे पहले गिरा दी गईं पवित्र इमारतें
जला दी गईं ऊपर उठाने वाली किताबें
स्मृतियों से खदेड़ कर मारे गए नायक
इतिहास को घृणा का पुलिंदा बना दिया गया

कालिमा के प्रवक्ता
जिन ऊँचाइयों के सामने
ख़ुद को बौना पाते हैं
उन ऊँचाइयों को मिटा देने को तत्पर हैं वे

उनके पास न तर्क हैं न विचार
न परम्परा, न स्मृति
न संवेदना, न साहस
न विवेक, न दृष्टि
न अतीत, न भविष्य

छिछला भावोन्माद
घृणा के साथ मिलाकर
वे परोसते हैं
लाखों मुखों से
वे एक झूठ इतनी बार बोलते हैं
ज़ोर लगाकर
कि उजली किताबों में बिराजे रोशन बोल

दम तोड़ देते हैं
उनकी आवाज़ों के सामने
धुँधली पड़ जाती हैं
उजले पुरखों की बानियाँ
पीली पड़ जाती हैं हरीतिमाएँ

उन्होंने प्रकाश को कालिख से भर दिया है
निर्मलताएँ देशनिकाले का दंड भोग रही हैं
सामुदायिकता पर हावी है सैन्यता

स्वतंत्रता को जिन्होंने
कलुषित समझौतों और माफ़ीनामों से परिभाषित किया
वे कालिमा के चारण
काली टोपी पहनकर
सड़क पर घूमते हैं उत्पात मचाते
वे जहाँ से गुज़रते हैं
पवित्र और ऊँची जगहों से
कुछ न कुछ गिर जाता है

सब कुछ गिर रहा है धीरे-धीरे

6

तेजस्वी काले सूर्य की अभ्यर्थना में
खड़े हैं हम
सन्देह, भ्रम, निराशा और अविश्वास से भरे

हिंसा, हत्या और जनसंहार में भागीदार हो
विलोपित होती जाती है
हमारी आत्मा
वह मरती है क्षण क्षण

पुरखों की सीखें
हमारी बाँहें छोड़ चुकी हैं
मनुष्य बने रहने का हमारा संघर्ष ढीला पड़ गया है

मित्र और शत्रु का विभाजन अनिवार्य बना दिया गया है
अपने और पराए में बाँटे बिना रहना है दूभर

हम भूल चुके हैं उजले सूरज

काले परिधानों में
हमारी करियाती आत्मा
काले सूर्य के अनुष्ठान में
गाती है काली प्रार्थनाएँ

हमारी आत्माओं का रंग
काला हुआ जाता है

7

अनजान रास्तों
बेमालूम संधों से
रिसता है एक एक बूंद ज़हर
आत्मा में

आत्मा का पवित्र जल
होता जाता है ज़हरीला

एक मुद्रा, एक तेवर, एक बर्ताव,
एक भंगिमा, एक लापरवाही,
एक बोल, एक उपेक्षा,
एक नपुंसक प्रशंसा, एक निंदा, एक कटाक्ष
एक वर्चस्व भाव, एक विरक्ति,
एक मौन, एक किनाराकशी
किसी भी रास्ते वह आता है आत्मा तक

मैं देखता रहता हूँ बेबस
इस ज़हर को आत्मा तक जाते
आत्मा में उभरते नीले निशान
और काली गाँठें
मैं देख सकता हूँ गहन अँधेरे में भी

बेचैन भागता हूँ
उदास खँडहरों, वीरान रास्तों, निर्जन तटों
और अतीत की नीली झील की ओर

भागता हूँ
भागता ही जाता हूँ बेबस
कहीं मिले कोई दृश्य
कोई छुअन
कोई बोल
जिसे फूटते माथे पर लेप की तरह लगा लूँ

बिलासखानी तोड़ी का शाश्वत दुख
शान्त बहती नदी का जल
या बूढ़ी औरत की गोद में
छुपा लूँ माथा
भींच लूँ कसकर उसकी ममतालू देह
आँखें मूँद लूँ और खो दूँ ख़ुद को उसमें

कातर निगाहों से पुकारता हूँ सबको
कोई खींच ले आत्मा का थोड़ा सा ज़हर

घुटती हैं मेरी साँसें
मेरी आँखों में धीरे-धीरे उतरता है अँधेरा
नसों को धीरे धीरे चटखाता
धीरे-धीरे पसरती है मृत्यु

आत्मा का उजास
किसी पर्वत की खोह में एक शैतानी सन्दूक़ में बन्द है

आसमान पर दमक रहा है प्रचंड काला सूर्य

सिंदूर की डिबिया

कालिदास

('आषाढ़ का एक दिन' की मल्लिका का उत्तर संवाद)

अब जब आए थे तुम लौटकर
तो यहाँ पहले जैसा कुछ नहीं था
न दीवारें
न छप्पर
न आँगन

तुमने बरसों पहले जिसे छुआ था
तुम्हारी सबसे प्यारी नदी का वह जल
अब नहीं था वहाँ
और मन!
वह भी कहाँ रह गया था नदी जल-सा वही

पर, जीवित थीं स्मृतियाँ
कठिन तपस्या से पाई गईं तुम्हारी किताबें
और गाँठे हुए सूखे भोजपत्र

अब जब आए थे तुम लौटकर
तुम्हारे पैरों में

अनेक प्रदेशों की धूल थी
अनगिन नदियों को पार किया था तुमने
हज़ारों सुबोल सुने तुम्हारे कानों ने
सैकड़ों महामानुषों से गले मिलने के निशान थे तुम्हारी देह पर
तुम्हारी वाणी में बीसों बोलियाँ
डाल गई थीं छाया

और मैं
मेरे तलुवों पर बस इसी धरती की माटी थी
मेरी आँखों ने देखे थी बस कुछ ही दृश्य
बस थोड़े से लोगों से ही बनी थी मेरी ज़िन्दगी

पर अब तुम लौट गए हो हमेशा के लिए

शायद तुम आए ही नहीं थे लौटकर

अभी बस कुछ क्षणों पहले तुम यहीं खड़े थे ख़ुद में डूबे
स्मृतियों में उपस्थित अपनी किसी प्रेयसी की बातें करते
जिसका नाम मल्लिका था
और जो रहती थी इसी घर में
अभी कुछ देर पहले
तुम यहीं थे

बातें करते करते अचानक
तुम ठिठक गए थे
एक आवाज़ सुनकर
वह मेरी बेटी के रोने की आवाज़ थी

मेरी छोटी-सी ज़िन्दगी से बस यही एक कविता उभरी
उसे देखा तक नहीं तुमने

और लौट गए वापस
मेरे चारों ओर कपड़ों की तरह लिपटे अँधेरे को
निर्ममता से उघारते

अब जब मैं
सीने से लगाकर दूध पिला रही हूँ उसे
याद कर रही हूँ माँ को

कहीं दूर से आ रही है
पर्वत-प्रदेश से उतरते किसी पथिक की आवाज़
करुणा से लिपटा प्रेमगीत गाता
वह उतर रहा है रात में धीरे धीरे

मैं उस गीत की धुन में
गाना चाहती हूँ एक लोरी
अपनी बेटी के लिए

आज जाना मैंने
तुम कभी कोई लोरी नहीं लिख सकते कालिदास!

प्रार्थना

यह शाम का आख़िरी सिरा है
जिससे बँधी है रात
बारिस से धुल गए आँगन सा आसमान
तना है सर के ऊपर तिरपाल सा

टिमटिमाता एक दिया लेकर
फिसलन भरी धरती पर
एक एक क़दम जम कर रखती
चली आती है
झुकी कमर वाली वह बूढ़ी औरत
भगवान की चौंतरिया की ओर
लम्बा आँगन पार करते
अकेले गाती कोई पुरानी प्रार्थना

न घर में बच्चों का शोर है
न हड़बड़ी किसी काम की
न रसोई की तैयारी की उठा-पटक
न फ़ुरसत की हँसी

न पुकार न इन्तज़ार
चौखेट बखरी के भीतर
चारों ओर तैर रही है
बस उसकी प्रार्थना

बहू-बेटों, बेटी-दामादों
और पोतों-पोतियों वाली बुढ़उनी का यह घर
बरसों से बस सुनता है उसकी ही आवाज़
उसके साथ जागता है सोता है
सपने देखता है

सपनों में
शहर में बस गए बेटे-बेटियों के बच्चे
एक दिन गाँव आकर
इसी घर में
कहानियाँ सुनते हैं उससे
खेलते हैं, गाते हैं, हँसते हैं उसके साथ
सपनों के बाहर एक मौन पसरा रहता है घर में
बस दिन में तीन-चार दफा गूँज जाती है
पीढ़ी-दर-पीढ़ी घर में रहती आई बिल्ली
और उसके बच्चों से उसकी गपशप

पर अभी तो रोज़ की तरह
घर में चारों ओर बस गूँज रही है
उसकी प्रार्थना

प्रार्थना में वह गाती है अपने ईश्वर की विरुदावली
उसका ईश्वर दीनबन्धु है, दीनानाथ है

कृपा-सिन्धु है, करुणा निधान है
भक्त वत्सल है, ग़रीबनवाज़ है

प्रार्थना में उसके ईश्वर की जय है
और दुखी जनों के संकटों को हरने की करुण पुकार
प्रार्थना की शान्त धारा में मिली है
अन्तस की तली में बैठी उदासी

ख़तम होते होते प्रार्थना
रोज़ ही
घिर आती है रात
चौतरिया पर जलते दिये सी
वह ख़ुद जलती रहती है देर रात तक

अँधियारी और प्रार्थना में
जैसे सम्बन्ध है माँ-बेटी का

पटकी हुई थाली

रात के सन्नाटे को चीरती
अभी अचानक
गूँजी है
थाली पटकने की आवाज़

जैसे किसी गौरैया ने शोर मचाया है
घोंसले की ओर बढ़ते साँप को देख
जैसे घनघोर जंगल के गाँव में किसी आदिवासी ने
निकाली है चेतावनी की संकेत-ध्वनि
ख़तरा भाँप

अभी सकते में हैं घर की दीवारें
बन्द दरवाज़े घबराए से हैं
शृंखलाएँ भौचक हैं

सोचते हैं घर के मालिक
आख़िर आज हुआ क्या है ऐसा
कि हमेशा चुप रहने वाली घरेलू औरत ने

पटकी है आज यूँ इस तरह यह थाली
सब वैसा ही तो है जैसा रहता है बरसों से
जब से आई है घर में यह औरत

घर की ताक़तवर औरतें
लग गई हैं व्यवस्था सँभालने में

थोड़ी देर में सब कुछ शान्त हो जाएगा

कल सुबह कुएँ से पानी भरती
चौका-बर्तन करती
रोटी पकाती दिखेगी वह

पर कई दिनों तक
कानों में गूँजती रहेगी
इस तरह
पटकी हुई थाली की आवाज़

विदा

अभी वह कमरे में बैठी
उछाह से भरी
बता रही थी बातें विवाह की तैयारियों की
पसन्द के जीवनसाथी के बारे में
संकोच भरे उत्साह से बताया था उसने
भविष्य की योजनाएँ बताते
उसकी आँखें एक चमक से भर उठती थीं

बस कुछ देर पहले
वह चाय पीती
याद करती थी पुरानी बातें
उतरती थी यादों की पुरानी बावड़ी में
एक चुरुवा जल अँजुरी में भर
अभी धोया था उसने अपना चेहरा
यादों में डूबते उतराते उराने
शरारतन फेंका था पानी बच्चों पर
और हँसी थी

उसकी हँसी
अचानक हाथ से छूट गए बर्तन की आवाज़ सी
गूँजी थी चारों ओर
झरने सी गिरी थी धरती पर
अकुलाए पंछी की तेज़ उड़ान सी
तैर गई थी आकाश में

हँसते हुए उसका निष्कलुष चेहरा
किसी ग्राम देवी सा
पवित्र आभा से भर गया था

यह घर इस हँसी को पहचानता था

उसे याद थीं छोटी-छोटी घटनाएँ
ठंड की एक शाम
कैसे पत्नी ने ओढ़ाया था उसे अपना शाल बिना बताए
जब वह छुपा रही थी ठंड की कँपकँपी
कैसे खिलाया था अपने हाथों बच्चों के साथ उसे भी कौर-कौर
जब वह बीमार थी
यह भी कि
कैसे डरी-डरी आती थी शुरू-शुरू में
और फिर कैसे यह जगह सुकून भरा द्वीप हो गई उसके लिए

यादों की बावड़ी में ताज़ा था साफ़ था पानी
जहाँ बैठी थी वह पैर डालकर
अभी कुछ ही देर पहले

बस कुछ मिनट पहले की बात है

जब शादी में आने का न्योता देकर उसने देखा था अनुरोध के साथ

अभी घर के बाहर सड़क पर
विदा लेते-लेते
अचानक फूट पड़ी थी उसकी आत्मा
हिलक-हिलक वह रोती थी पत्नी के गले लगकर

वह न इस घर की बेटी थी न बहन
पर रोती थी
जैसे विदा के वक़्त सदियों से रोती आई हैं बहन-बेटियाँ
पत्नी रोती थी माँ की तरह
और पिता की तरह मैं रोकता खड़ा था
आँखों के परदे के पीछे
तेज़ गति से भागते आते दुख को

पैदल जाते हुए वह
बेआवाज़ रोती आँखों से
देखती रही थी हमारी ओर
बस, कुछ देर पहले

सुन्दर विराम

मंच पर बैठी तुम गाती हो
विलम्बित में कोई पुरानी बन्दिस

तुम उतरती जाती हो राग की गहराइयों में
दूर बैठा मैं देखता हूँ
तुम्हारा इस तरह धीरे-धीरे डूबना

आलापों में लोरती तुम्हारी देह
जैसे एक नई आभा से भर गई है
राग तुममें उतर कर देह में सीझ रहा है
प्रकट हो रहा है देह लय में

तट के मीलों भीतर
पारावार समन्दर में हिचकोले खाती
आत्मा की नाव
झलकती है देह में

यह एक तान है सदियों पुरानी

तुम उसे लेकर अनन्त की ओर उड़ रही हो

अभी ठीक अभी
तुम लौट रही हो धरती की ओर
आसमान में तानों की लड़ी बनाते

मध्य लय में तैरती
तुम्हारी बाघिन सी आँखें
एक पल के लिए
थिर गहरी आसक्ति से
देखती हैं मुझे
और खो जाती हैं गति में

धरती इस समय
तुम्हारे साथ लयमान हो रही है

सुरों की मथानी में मथे जा रहे हैं
धरती और आसमान

जंगल के बीच
पत्तों में खो गई पगडंडियों
उथली नदियों के जल
और रेतीले कँकरीले किनारों पर पैर धरते
तुम भाग रही हो
किसी आदिवासी सी

दौड़ते-छलाँगते-भागते अचानक
पेड़ों के झुरमुट की शान्ति में

तुम बैठ गई हो धरती पर

अब कोई आवाज़ नहीं है कहीं
चारों ओर फैली है जंगल की निविड़ शान्ति

मंच पर तुम धीरे-धीरे खोलती हो आँखें
छोटे बच्चे-सा तुम्हें खोजता
मैं बैठा हूँ सामने

यह विराम है
दुनिया का सबसे सुन्दर विराम

क्षमा में जुड़े हैं मेरे हाथ

मैंने कोई अपराध नहीं किया तुम्हारी जानिब
फिर भी क्षमा में जुड़े हैं मेरे हाथ

अभी तुम मेरे सामने बैठी रोती हो
सांत्वना के उम्मीद और भरोसे से भरे
पेशेवर वाक्यों से शुरू करने के बावजूद
मैं घिरता जाता हूँ
तुम्हारी हिचकियों में

तुम्हारे पास है एक समर्थ भाषा
फिर भी, तुम्हारे काम नहीं आ रहा इस समय
एक भी शब्द, एक भी वाक्य
तुम्हारा साँवला सुन्दर चेहरा
अभी झुका है
तुम्हारी आँखें बहती ही जाती हैं अनवरत
तुम्हारा संकोची मन
शर्मिंदा है इस अनचाहे संवाद के लिए

बमुश्किल तुम कहती हो एक पूरा वाक्य
बोलती हुई पूरी देह के साथ
'क्या इच्छा करना अपराध है'

मैं डूबता ही जाता हूँ भँवर में
मेरी पेशेवरी दक्षता केंचुल-सी झड़ रही है
मैं निस्तेज, नि:शस्त्र
सर झुकाए बैठा हूँ तुम्हारे सामने

मैं जानता हूँ
मैंने नहीं रोका है तुम्हारा रास्ता
नहीं बन्द किया है कोई दरवाज़ा तुम्हारे लिए
फिर भी
क्षमा में जुड़े हैं मेरे हाथ

तुम दौड़ते-दौड़ते थक गई हो
तुमने बर्दाश्त किया है अपनी देह में
अतृप्त आँखों का अनधिकृत प्रवेश
तुम्हारी जाति जानने के बाद पसरी चुप्पी
और हिंसक विरक्ति
झूठे आश्वासनों के पीछे लिजलिजी चालाकियाँ
आँखों में बसे एक चुप्पे सपने के लिए
सह गई हो तुम
अप्रत्याशित सवाल
और घिनौनी तटस्थता

पर आज जैसे तुम्हारा चट्टान सा मन
किसी कोमल जगह से दरक गया है

और बहने लगा है उससे आत्मा का जल

तुम स्त्री हो
तुम शूद्र हो
तुम निर्धन हो
तुम्हारा कोई पैरोकार नहीं
क्या इतने अपराध एक साथ पर्याप्त नहीं
तुम्हारी हार के लिए

मैं घिरा हूँ अनगिनत सवालों से
धिक्कार से भर उठा है मेरा अन्तस
मैं जानता हूँ
मेरी कोई हिस्सेदारी नहीं, तुम्हारी पराजय में
पर मेरी काँपती आत्मा का जल
अभी उमड़ता है तुम्हारी ओर
मेरी आँखों में उतरती जाती है सदियों की व्यथा

मैं शर्मिंदा हूँ

क्षमा के लिए जुड़े हैं मेरे हाथ

गहनों की दुकान पर

गहनों की दुकान पर
कुछ सकुचाई सी बैठी हैं दोनों
माँ और बेटी
भीतर की खद-बद को बाहर आने से रोकतीं
बेटी के ब्याह के लिए
ज़रूरी गहने ख़रीदने आई हैं इस शो-रूम पर

शो-रूम में भरी हैं औरतें
युवा विनम्र और अभ्यासी लड़कियाँ
बेहद विनम्रता और धैर्य के साथ दिखा रही हैं गहने

अपनी बारी का इन्तज़ार कर रही माँ को
कितना अजीब-सा लगा था
जब चाँदी की तश्तरी और चाँदी के ही गिलासों में
पानी भरकर लाया था
एक कम उम्र लड़का

फिर थोड़ी देर में जब आईं
मौसम के मुताबिक ठंडे की बोतलें

उसे थोड़ी बेचैनी सी हुई थी
जबकि वातानुकूलित शो-रूम में गर्मी होने का कोई कारण न था
ठंडा नकारने पर
कितनी विनम्रता से आग्रह किया था
दुकान के मालिक युवा लड़के ने आंटी कहकर
तब कैसे अचानक उसके मुँह से
निकल पड़ा था—'मैं चाय ले लूँगी'

एक कम उम्र नौकर दुकान का
जब चला गया चाय लेने
उसका ध्यान गया अपनी साड़ी की ओर
दुकान में ख़रीदारी करती
ज़्यादातर औरतों की तुलना में
वह कितनी मामूली थी
और उसकी सस्ती चप्पल में तो
जैसे झलकती थी उसकी पूरी बेचारगी
उसकी बेटी का सलवार-शूट भी कितना औसत सा था
कि उसके चेहरे पर उसकी उम्र की लड़कियों सी
न तेज़ी थी न चमक
ब्लाउज़ में पड़े रुपयों वाले पर्स की ओर
लगा था उसका ध्यान

बेटी का ब्याह है ड़ेढ महीने बाद
बेटी, जिसके पैदा होते ही
नौकरी लगी थी पिता की
बेटी, जो रहती थी माँ-बाप की आँखों में
जिसकी भूख में कम हुई आधी रोटी भी
परेशान करती थी उन्हें

पर जिसके जन्म के साथ ही
घर करने लगी थीं चिन्ताएँ
उन दोनों ने कमी की थी अपने ज़रूरी ख़र्चों तक पर
बचत को धीरे-धीरे ढाल लिया था अपने स्वभाव में

और झुकना तो जैसे
धीरे-धीरे ख़ुद ही
शामिल होता गया था व्यवहार में
दोस्तों, रिश्तेदारों और व्यवहारियों से
यूँ ही रिश्ते बनाए रखना
उन्हें ज़रूरी लगने लगा था

दोनों बैठी हैं यहाँ
पिता भी
लड़के वालों की माँग की सूची आँखों में लिये
बैठे होंगे किसी दुकान पर

यहाँ इस शो-रूम में अभी उसकी बारी में समय है
वह देख रही है कि कैसे उसकी बेटी की ही उम्र की
एक दूसरी लड़की
अपनी बड़ी बहन और माँ के साथ
चहक-चहक कर देख रही है अपने लिए गहने
पहन-पहन कर देख रही है आईने में
और दिखा रही है ख़ासतौर पर अपनी बड़ी बहन को
उसके बरक्स कैसी चुप-सी बैठी है उसकी बेटी
यह नहीं कि उसे चाह नहीं जेवरों की
पर, चाह के साथ कितना संकोच भरा है उसके मन में
पिता के कई बार कहने के बाद भी

कि जो सबसे ज़्यादा पसन्द आए वही लेना गहने
वह सोच रही है कि कैसे हिसाब से चलना है उसे

उधर दूसरी ओर उसकी उम्र की एक महिला
अपनी होने वाली बहू को
हँस-हँस कर दिखा रही है गहने
और वह संयत देख रही है एक मंगलसूत्र
उस लड़की के चेहरे में अपनी बेटी को खोजते
माँ सोच रही थी यह मंगलसूत्र कैसे अचानक
इतने कम समय में बन गया है सुहाग की ज़रूरी निशानी
अभी कुछ सालों पहले तक कौन पहनता था मंगलसूत्र
नानी और दादी,
माँ, चाची, मामी, मौसी
और उस उम्र की औरतों को
नहीं देखा उसने कभी मंगलसूत्र पहने
सिंदूर और चूड़ियाँ ही थीं सुहाग की निशानी
जिनके पास समाइत थी वे औरतें
तोले-दो तोले चाँदी की एक जोड़ी बिछिया भी पहन लेती थीं
सुहाग की निशानी की तरह
पर, अब तो
मंगलसूत्र न हो तो
न शादी हो, न औरत सुहागन कहाए

'कितना समय लगेगा हमारी बारी आने में'
वह पूछना ही चाहती थी
पर संकोच से पूछ न पाई थी

यह विशाल शो-रूम

दसों काउंटर—दसों पर दक्षता से गहने दिखातीं लड़कियाँ
संयमित मुस्कान के साथ
आईना दिखातीं
और प्रशंसा करतीं—'अच्छा लग रहा है आप पर'

माँ को याद आती है
गहने की पुरानी दुकान
जहाँ से जीवन भर वह लेती रही लेने-देने वाले गहने
वहाँ सोनार भैया से बात करते
उसे कभी संकोच न होता था
वह अधिकार से कहती थी हर बात
और मोल-भाव करती थी जमकर
वे भी पूछते थे घर-द्वार बाल-बच्चा
ख़ैर-ख़बर के बाद ही शुरू होती थी गहनों की देखा-देखी
पर यहाँ तो जैसे ठिठक सी गई है ज़बान

इस दुकान तक पहुँचना इतना आसान न था
यहाँ आने से पहले उन दोनों ने
देखी थीं कितनी ही दुकानें
बेटी ने अपने मोबाइल पर
दिखाए थे बड़े-बड़े ब्रांड के सैकड़ों विज्ञापन
'रिश्तों को सहेजो, आभूषण भेंट करो'—जैसे जुमलों से
जैसे धक्का देकर वे
धकेल रहे थे अपने-अपने ब्रांड की ओर
दीपावली, नया साल, मदर्स डे, डाटर्स डे
और वैलेंटाइन डे से लेकर शादी तक—'प्यार मतलब गहने'

कितनी सुन्दर लगती थीं

विज्ञापनों की कहानियाँ
प्यार और अपनापे से भरे रिश्ते-नाते

यह नहीं कि घरेलू औरतें ही
विज्ञापनों में पहन रही थीं गहने
कामकाजी औरतों का भी
पहला प्यार थे गहने

उसे कितना अचरज हुआ था
सुपरवुमेन वाला वह विज्ञापन देखकर!
विज्ञापन क्या था, एक पूरी कथा थी!!

कटे बालों और जींस-टी शर्ट वाली वह सुपरवुमेन
एक हाथ की चुटकी से निपटाती थी घर
दूसरे की चुटकी से ऑफ़िस!
24 घंटों में 36 घंटे का काम करती
सुपरवुमेन के चेहरे पर रोशनी की चमक
और चारों ओर ख़ुशनुमा जगमग!
सराहना और सुन्दर दृश्यों से भरा स्क्रीन!
विज्ञापन में नेपथ्य से आती एक स्त्री की आवाज़

तारीफ़ करते छलक-छलक जाती—'सुपरवुमेन ये! सुपरवुमेन वो!'
पर अचानक सुपरवुमेन के टोकने से
रुक गया था सब कुछ—'बस करो!
हो गया! रहने दो!!'
अचानक बदल गए थे दृश्यों के रंग
स्क्रीन पर उभर आई थीं दूसरी तरह की तसवीरें
रोशनी के पीछे छुपा गहरा अँधेरा सुलग उठा था

सुपरवुमेन की आँखों की गहरी थकान अँधेरे में घुल रही थी
कुछ पल चुप रहकर वह बोली थी—'क्या सुपरवुमेन वुमेन नहीं,
ह्यूमन नहीं ?'
अँधेरे के समन्दर से उठी थीं अँधेरी लहरें—'हाँ! मैं भी हारती हूँ!
मैं भी रोती हूँ अकेले में!'

छोटे शहर में बेटी के मोबाइल पर
यह विज्ञापन कथा देखते
जैसे वह सोच में गई थी—'ऐसी जगमग औरतें और दुख?'
तब बेटी ने उसका हाथ पकड़ा था
जैसे वह हमेशा पकड़ लेती है उलझनों में—'हाँ माँ!
सबके दुख अलग हैं, हमारे अलग, उनके अलग'
वह रुकी थी, ठहरी थी—'पर एक दूसरी बात देखो
सुपरवुमेन भी हर दृश्य में पहनती है
अलग-अलग तरह के छोटे जेवर!
उसकी जगमग में शामिल हैं उसके ब्रांडेड गहने!'
सच ही तो कहती है बिटिया
गहनों के विज्ञापनों में औरत मतलब गहने!

विज्ञापन दिखाती बेटी
रुकी कहाँ थी इतने पर—'गहने ज़ंजीर होते हैं माँ!
ग़ुलामी की ज़ंजीर! मीठी ज़ंजीर!!'
बेटी की बात सुनते वह ठिठक गई थी!
'तुम्हें भरोसा नहीं,
पर पुराने ज़माने में
औरतों को पहनाए जाते थे गहने
निगरानी के लिए।
पायल, करधन, झुमके तो बाक़ायदा जासूस होते थे मालिकों के

घर में कहाँ है दुलहन
यह उसके बजते गहनों से जान लेती थीं घर की मालकिनें'
एक तरफ़ प्यार और सुहाग की निशानी का महातम
दूसरी तरफ़ यह ग़ुलामी—वह सोच में पड़ गई थी!

यहाँ शो-रूम में भी
जगह-जगह दीवारों पर
टँगे थे सुन्दर चित्र
सबमें आभूषणों से लदी औरतें!
युवा और सुन्दर औरतें!!

बग़ल में बैठी बेटी की बातें उसे धीरे-धीरे याद आई थीं

याद आया कितना कुनमुनाई थी वह
दिखाई की रसम पर
उसकी होने वाली सास और ननदों ने
कैसे कई बार घर आ-आ कर
मुआयना किया था उसके तन-मन का
वे बार-बार घर आ जाती थीं
कोई न कोई बहाना लेकर
घंटों बैठकर जैसे उसके मन का सुराग ले लेना चाहती थीं
जान लेना चाहती थीं आत्मा का इतिहास
कैसे जतन से सँभाला था उसने
इस सबमें धीरज खोती बेटी को
और आज देखो सब बवंडर पार करते
दोनों बैठी हैं यहाँ
गहनों की दुकान पर

चाय पीकर वे बैठी हैं
अपनी बारी का इन्तज़ार करतीं
लड़की के मोबाइल पर अचानक
एक तसवीर झलकी थी
फ़ोन लेकर वह बाहर गई थी बात करने
'इनका फ़ोन था'—लौटकर उसने माँ को बताया था
'क्या कह रहे थे'—माँ के सवाल का क्या जवाब देती वह
कितनी ही तरह की बातें तो करता रहता है वह फ़ोन पर
'फ़ोटो भेजो', 'मिलो यार', 'बेचैन हूँ',
'शादी के बाद सब कसर पूरी करूँगा' से लेकर
'चिरकुट है तुम्हारा बाप', 'कितना बोलती है तुम्हारी बहन'
'आल्टो भी नहीं देंगे क्या', 'रेमंड्स के सूट-हुँह' तक
मल्टीनेशनल कम्पनी में नौकरी की डींगों से लेकर
फूहड़ अश्लील बातों तक
वह सुनती रहती है 'हाँ', 'हूँ' करते

कभी-कभी वह बहुत प्यारा सा लगने लगता है
और कभी डरावना
कितना तो उलझी रहती है वह
किससे कहे, किससे पूछे
'बस यूँ ही हालचाल पूछ रहे थे'—माँ के दुबारा पूछने पर
वह बोली थी धीरे से

'तुम बिना गहनों के ही अच्छी लगती हो'—अचानक कौंध गई है
मन की परतों के नीचे दबी रह गई
दो बरस पहले की एक बात

बिलकुल छोटी पहाड़ी सी जगह पर बनी

यह पतली सी सड़क थी विश्वविद्यालय की
बीतते बसंत की उतरती दोपहर
वे उतर रहे थे एक छोटी ढलान पर

सुदेश ने जैसे बिना किसी सन्दर्भ के,
कह दी थी यह बात—'तुम यूँ ही सुन्दर लगती हो'
वह मुँह ताक रही थी उसका
और वह गम्भीर मुस्कान धारण किये बोलता गया था—'मेरा
वश चले तो मैं तुम्हें गहने पहनने से रोक दूँ।'
वह दोनों जैसे भीड़ में अकेले हो गए थे
बाक़ी सब अपनी-अपनी बातों में मगन थे
सुदेश की बातों ने उसे चकित कर दिया था
वह सोचती रही थी पिछले दो सालों के बारे में
पहले तो उसकी किसी बात से यह नहीं लगा था
जो आज लग रहा है, इस बात से
क्या है उसके मन में?
क्या वहाँ उद्गम है किसी छोटी मीठी नदी का?
पर उसकी हिम्मत नहीं थी कि वह पूछे

उसे याद है कि वह रात भर सो न सकी थी
अगले कुछ दिनों और हफ़्तों
सुदेश की आँखों में कुछ खोजती रही थी
और वह फक्कड़ों की तरह
उस दोपहर अचानक उमड़ आई नदी को
आत्मा की पोटली में बाँधकर
कहीं पेड़ पर टाँग कर
जैसे भूल गया था।

कितने कठिन दिन थे वे

जैसे सपनों में बहती
धीमी धार वाली
उथली नदी के कुनकुने जल में
आधी धूप आधी छाया में
वह लेटी रहती थी अलस
उसके कानों में गूँजती रहतीं
छोटे पक्षियों की आवाज़ें
मीठी धुनों सी
सुदेश का चेहरा
जादुई फूल सा
उड़ता हुआ
क़रीब आकर
उसके इर्द-गिर्द हवा में
उसे छू-छू कर तैरता रहता

सपनों से बाहर वह चाहती
पढ़ाई के बचे हुए थोड़े से दिनों में
वह कोई मीठी पहेली पूछे
दुर्खिम, मार्क्स, बेवर, घूरे, श्रीनिवास—किसी की बात करते
अचानक रुके
और वह सवाल पूछ बैठे
जो वह सपनों में पूछ लेता था
आए दिन

बसंत के बाद गर्मी आई
पर वह वैसा ही बना रहा—न दूर न क़रीब

और आख़िर पढ़ाई के वे बचे हुए दिन भी बीत गए

दो साल हो गए इस सबको भी
कभी-कभी फ़ोन आता है उसका
वैसे ही गम्भीर, पढ़ाकू, मस्तमौला और बेरोज़गार
परीक्षा दर परीक्षा
कुछ ज़्यादा निराश होता
कहीं एक नम्बर से चूक गया कहीं दो से

फ़ोन पर बातें करते
कभी-कभी बस कोई आधी बात कहता औचक
—'घर पर क्यों बैठी हो?'
—'प्राइवेट स्कूल की नौकरी तुम्हारे लायक है क्या?'
—'मेरी तरह आगे की तैयारी क्यों नहीं करती तुम?'
वह सोचती क्या चाहता है वह
क्या इसी में छिपा है कोई इशारा
सोचती और सोचती ही जाती
पर बिना पगडंडियों वाले अनन्त जंगल से
बाहर आने का कोई रास्ता
कहाँ सूझता है उसे

इधर महीनों से उसका न फ़ोन आया है न सन्देश
उसे भी इन नई हलचलों में
कहाँ समय मिल पाया है कुछ सोचने का
उसे बता भी नहीं पाई इस ब्याह का
वैसे बताती तो क्या कहता वह
सामने होता तो शायद दिख भी जाता कुछ
उसके चेहरे पर

लेकिन फ़ोन पर तो वह वैसा ही रहेगा
बुद्ध की मूर्ति सा
न हर्ष न विषाद
न लगाव न दुराव
न राग न विराग

समन्दर सी बहती उसकी आवाज़ में
वह डूबती है तो डूबती ही जाती है
किनारे लाने वाली कोई डोंगी कहाँ मिलती है उसे

वह खोजती रही दो साल
कोई डोर मिले उसकी बातों से
जिसे पकड़ कर वह आगे बढ़ जाय
पर जैसे उनके बीच की सारी डोरें
किसी ने काटकर गहरे समुद्र में फेंक दी थीं

और अब वह बैठी है
इस तपती दोपहर में
इस दुकान पर

अभी उनकी बारी नहीं आई है।

एकल परिवार

भोर का सूरज
उसके जगने से पहले नहीं उगता कभी
आकाशवाणी की पहली संकेत-ध्वनि
उसकी चाय के आसपास
मजाल है नल का पानी चला जाए
या बिटिया के स्कूल की बस

भागमभाग में थकी जाती-सी
जब वह लेती है चैन की पहली साँस
उसे लगता है क्यों नहीं उठा वह सोकर अभी

पति को उठते ही चाहिए चाय गर्म
चाय का पानी चढ़ा वह उठाती है उसे
नींद टूटे आदमी की तल्खी से भरा आर्य-वाक्य
'तुम्हें और कोई काम नहीं है'
चाय पर विशेषज्ञ टीप
'पत्ती थोड़ी कम डाला करो'
और चाय के बाद

'कितनी बार कहा अख़बार मेरी टेबल पर रख दिया करो'

भुनभुनाती वह दौड़ती रहती है
घड़ी की सबसे बड़ी सुई की तरह

ऐसा नहीं कि पति को उससे प्यार नहीं
या उस पर पड़े काम के बोझ का अहसास नहीं
यूँ भी होता है कभी-कभी
कि वह कहता है—'लाओ आज मैं बनाता हूँ चाय'
या कि 'चलो सब्ज़ी बनाकर खिलाता हूँ तुम्हें'
पर यह सब बी.ए., एम.ए. पत्नी को पसन्द नहीं
'अच्छा लगता है क्या
मेरे रहते तुम रसोई में जाओ'
या 'चलो हटो
सब कुछ बिखरा दोगे
दूना हो जाएगा मेरा काम'

और गर कभी रसोई में चले ही गए जनाब
तो 'मसालदानी को क्या कचरे का डिब्बा बना रखा है'
या 'रसोई सँभालने का सलीका तुम्हें नहीं आया आज तक'
या कि अन्तिम अस्त्र 'दुनिया भर के सबसे अच्छे रसोइये
मर्द हैं मर्द'

उसे लगता है
नीबू-पानी से लेकर शाही पनीर तक
सबका विशेषज्ञ है एक वह ही

यूँ भी पति का यह आग्रह होता है तीज-त्योहार
पत्नी की थकन उसे थकन लगती है कभी-कभार

रोज़ तो वह सामान्य दुनियादार
जिस पर समय की मार
उलझनों का गर्दो-गुबार!

रोज़ का क़िस्सा तो यूँ
कि जब लौटते हैं शाम को वे घर
तो उसे लगता है सब उलट-पुलट
फिर खीझे हुए पति की तुपक
'कुछ भी नहीं सँभलता तुमसे
एक बच्चे में यह हाल है
पहले औरतें आठ-दस सँभालती थीं
और उफ़ न करती थीं
पन्द्रह-बीस लोगों की रसोई बनाती थीं सो अलग
और ज़ुबान न खोलती थीं कभी'

शाम कभी जब वे निकलते हैं घूमने
उसकी निगाह रहती है
उसके कपड़ों, बालों, बिंदी और सिंदूर तक
और लौटकर
'बाज़ार में धीमे बोला करो'
'रेट मुझे तय करने दिया करो तुम'
'क्या ज़रूरत थी इतने महँगे की ज़िद की'

रात को वह सोचता है
चलो सब ठीक ही चला रहा है वह
वरना कितने हैं जो इतने सफल पति
और अच्छे परिवारी हैं

सोने से पहले थकी, खिन्न
पत्नी का लटका चेहरा उसे उकसाता है
'क्या चाहिए
सब कुछ तो है
पूरी आज़ादी है तुम्हें
ख़ुश रहा करो, मस्ती से जियो
कोई रोकने-टोकने वाली सास बैठी है यहाँ ?'

रात के एकान्त में
पति के ब्रह्म-वाक्यों के सामने
कभी-कभी खड़ी हो जाती है
भिक्षुणियों के गीत-सी एक पंक्ति
'इकलौता पति होता है पूरी ससुराल
समाई होती हैं जिसमें कई साँसें'

तुम्हारा अभिनय

मंच से दूर
दर्शकों की पाँत में बैठकर
देखता हूँ तुम्हारा अभिनय
एकल अभिनय

तुम
मेरी सखी
मेरी साथी
मेरी हमराज़
प्रेयसी
पत्नी
और मेरी बेटी की माँ
कितने रूपों में जानता हूँ तुम्हें
पर मंच पर तुम दीखती हो बिलकुल नये रूप में
एक और मनुष्य
एक और स्त्री की तरह

कामकाजी गृहस्थन औरतों के जीवन को
तुम उतारती जाती हो मंच पर अकेले

एक-एक पहलू को
बारीक़ी से
तुम उभारती हो
अपनी देह से
देह, जो मेरी इतनी पहचानी है जितनी ख़ुद मेरी

बेहद साधारण मुद्राओं में तुम
कहती जाती हो भीतर का सच
कुछ परिचित, कुछ अपरिचित

घर पर तुम कहती हो—'देह सिर्फ़ आईना नहीं अन्तस का
अन्तस भी दर्पण होता है देह का'
मैं अचरज से तुम्हें सुनता हूँ—'देह का सच
आत्मा का भी सच होता है सर जी'
'सर जी' तुम्हारा यह सम्बोधन
मेरी सदियों से चली आती सत्ता को
तार तार कर देता है पल में

मंच पर अभी तुम कोई दृश्य बना रही हो
परिवार की सुबह का
और मैं सोचता हूँ
यह तो मेरी-तुम्हारी
सुबह का ही एक प्रतिरूप है

मंच पर सैकड़ों कामों से घिरी
तुम चाय बनाकर लाती हो पति के लिए
और भागती हो रसोई की ओर
तुम्हें दफ़्तर जाने की जल्दी है

और पूरे करने हैं कितने ही काम
तुम भाग रही हो घर के एक छोर से दूसरे छोर तक

भागा-दौड़ी का अभिनय करते तुम
अचानक रुकती हो मंच पर
और कुछ कहती हो
जैसे जवाब दे रही हो
सामने के अपार्टमेंट की निचली माला में रहने वाली पड़ोसन को
फिर सामने बैठे दर्शकों को बताती हो
अपनी युवा गृहस्थन पड़ोसन के बारे में

मंच पर बहती है कथा और मैं उसमें डूबा हूँ

मंच पर अँधेरा होता है और उजाला
दृश्य दर दृश्य आते-जाते हैं सामने

यह दृश्य किसी रविवार की दोपहर का है
तुम बता रही हो अफ़सोस के साथ
देर तक सोते रहने की अपनी अपूर्ण इच्छा
और रविवार की व्यस्तताओं के बारे में
आख़िर हफ़्ते भर के रुके काम आज ही तो करने होते हैं तुम्हें

तुम दूसरे कमरे में मौजूद अदृश्य काम वाली से
बातें कर रही हो सुख-दुख की
तुम्हारे संवादों से पता चलती हैं स्थितियाँ
तुम्हारा पति अभी सोकर उठा है
और बग़ल वाले कमरे में कोई काम कर रहा है लैपटॉप पर

तुम ऊँची आवाज़ में उससे पूछती हो कहीं जाने के बारे में
और बोलती हो दर्शकों से—'आज भी मुझे जाना होगा अकेले
इनको आज भी काम हैं ऑफ़िस के।'
गर्व से भरी तुम बताती हो
उनकी बहुराष्ट्रीय कम्पनी और ऊँचे ओहदे के बारे में।
तुम्हारी बातों में
एक शान्त दर्प झलकता है—'इनकी कम्पनी में
कोई काम नहीं होता इनके बग़ैर।
इसीलिए हर समय उनको लगे रहना पड़ता है काम में'

बातों-बातों में तुम माँगती हो उससे कुछ रुपये
उधर से कोई जवाब नहीं आता
दुबारा आवाज़ देने पर
मंच के एक ओर से गिरता है एक पर्स
जैसे पति ने फेंका हो झल्लाकर
शर्मिंदा चेहरे से तुम उठाती हो पर्स
ख़ुशी और दर्प से भरे चेहरे पर
धीरे-धीरे छाती हैं काली बदलियाँ

कुछ सुनती सी
तुम बोलती हो धीरे-धीरे
जैसे जवाब दे रही हो कामवाली को—'नहीं, मेरे पास नहीं है
मेरा सैलरी वाला ए टी एम
वह रहता है इन्हीं के पास।
इनको ही तो मैनेज करना होता है घर-बाहर का सब।
यूँ भी मेरी ज़रूरतें ही क्या हैं
जब ज़रूरत होती है
ले लेती हूँ इनसे।'

चेहरे की कालिमा धीरे-धीरे मिलती जाती है
मंच पर धीरे-धीरे बढ़ते अँधेरे से

मंच पर धीरे-धीरे होता है अँधेरा
अँधेरे को काटता फिर धीरे-धीरे फैलता है उजाला
एक दृश्य के बाद आते-जाते हैं सामने नये दृश्य
अँधेरे में बैठा सामने मैं सोचता हूँ
अपनी घरेलू ज़िन्दगी के बारे में
मैं भी तो कई बार नहीं छोड़ता तुम्हारे ए टी एम में पैसे
और तुम भुनभुनाती हो मेरे मैनेजमेंट पर
यूँ कभी जताया तो नहीं तुमने
लेकिन क्या लगता होगा तुम्हें भी घर पर कभी-कभी
अपनी सत्ता के नशे में
मैं क़ब्ज़ा जमाकर बैठा हूँ तुम्हारी कमाई पर

मैं डूबा हूँ सोच में
और सामने उभरता है एक नया दृश्य

यह दृश्य किसी शाम का है
तुम अभी-अभी ऑफ़िस से लौटकर
सोफ़े पर सुस्ताते
बात कर रही हो अपनी अदृश्य पड़ोसन से
तुम थकी हो पर ख़ुश हो
काम-काज की गरिमा और सन्तोष से भरी
तुम बता रही हो अपनी ऑफ़िस की ज़िन्दगी के बारे में
बात करते-करते तुम फ़ोन लगाती हो—'आज दिन-भर
बात नहीं हुई इनसे।'
अचानक चुप होती हो बात करते-करते

जैसे फ़ोन उठ गया हो उधर और तुम सुन रही हो ध्यान से
तुम्हारे चुप चेहरे पर उतरती और गहराती शर्मिंदगी
झलकने लगती है छिपाने के बावजूद
धीरे-धीरे अपमान से तमतमाया तुम्हारा चेहरा
जैसे साफ़-साफ़ कह देता है सारा वाकया
रुआँसे होते चेहरे पर अचानक ठिठक कर ठहर गया रुदन
दर्शक देख पाते हैं साफ़-साफ़।

मैं बैठा सामने
हतप्रभ देखता हूँ तुम्हारा यह चेहरा
सोचता हूँ—क्या ऐसे ही अपमानित हो जाती होगी तुम घर पर भी
जब हमारे बीच कभी फ़ोन पर हो जाती है कोई कड़वी बात।
सच है कि यह अभिनय देखने से पहले
कभी नहीं सोचा मैंने उन दिनों के बारे में
जब हमारे बीच से होकर गुज़रती है तनाव की नदी
क्या इतना कठिन है अपने सबसे क़रीबी से भी जुड़ पाना

मंच पर धीरे-धीरे होता है अँधेरा
अँधेरे को काटता फिर धीरे-धीरे फैलता है उजाला
दृश्य की कोख से निकल आता है नया दृश्य

अब यह दृश्य रात का है
मंच पर एक ओर रखे बिस्तर पर
तुम बैठी हो उकड़ूँ उनींदी
पूरे मंच पर छाया है अँधेरा
बस, तुम्हारे ऊपर झरते हैं प्रकाश के सीधे और तिर्यक प्रपात

तुम्हारी आँखों में

अनन्त रातों जागते चले जाने की चुभन है
तुम धीरे-धीरे सर उठाती हो
ओह! यह चेहरा
यह तो
कभी नहीं देखा मैंने

मंच पर तुम कहती हो—'मैं डरती हूँ
रात की पुरुष गंध से!
रात मेरे पति की देह
लोमड़ी, सुअर, भैंसे, अजगर
और जाने
कितने रूप ले लेती है।

सुख की लालसा पैदा कर
पति की देह ऐसे गुज़रती है मेरी देह से
मानो डगमगपुर जैसे किसी छोटे स्टेशन से
गुज़रती है
तेज़ गति वाली अव्वल दर्जा ट्रेन

मैं टेशन पर खड़ी
गँवई औरत सी
देखती रह जाती हूँ जगर-मगर
और कुछ ही पलों में ख़त्म हो जाता है
आला ऐश्वर्य

मैं दीमक के ढूह सी
भरभराकर
गिरती हूँ

बिखरती हूँ

भीतर ही भीतर
दहकती हूँ
जंगल की आग लिये

पति का सोया सुख भरा चेहरा
मंदिर की देव प्रतिमा सा
थिर है शान्त

और मैं?

मैं भभूत की राख
बनाकर छोड़ दी गई हूँ
मैंने कभी नहीं जाना
पति की तरह आग को भड़कते-भभकते
मैं सुलगी-सुलगी राख हुई हूँ हमेशा'

मंच पर यह सब कहते तुम्हारा चेहरा
गीली लकड़ी सा धुँधुआ रहा है

मंच पर तुम
एक अभिनेत्री
एक विवाहित स्त्री का चरित्र ओढ़े
पति की कथा कह रही हो
और मैं मंच के सामने बैठा तुम्हारा पति
दूर से देखता तुम्हारा अभिनय
सोच रहा हूँ

क्या मेरी देह में भी
उस पति की देह है
क्या मंच पर कही जाती इस कथा में
कोई छाया है हमारी भी

याद आता है घर पर तुम कहती हो लाड़ से—'तुम बदलते हुए पुरुष हो साथी
पर तुम्हारे भीतर अब भी जीता है
अनन्त पुरानापन'

तो क्या इस देह में भी
तुम्हें कभी सुअर दिखता है
कभी लोमड़ी, कभी भैंसा, कभी अजगर
क्या तुम्हारी रात भी होती है
यातना की गाथा

दर्शकों में बैठा मैं
डूबता-उतराता हूँ अथाह समन्दर में
मैं तुम्हारा सखा, साथी, पति, प्रेमी
और तुम्हारी बेटी का पिता
एक सनातन पुरुष की तरह
बैठा हूँ सामने
सवालों से घिरा

दूर बैठकर
देखता हूँ
तुम्हारा अभिनय

सिंदूर की डिबिया

(एक गर्भवती स्त्री का त्रासद स्वप्न)

यूँ थे आसमान में रंग
जैसे बिखरे हों अनार के दाने और छिलके बेतरतीब
रोशनी के टुकड़ों से खेलते बेला के फूल
बादलों में समन्दर के पानी के खेल की छवियाँ

मेरे भीतर मेरी बिटिया तीन महीने की
जैसे एक पूरी गुड़िया लाल कनेर के फूल सी

एक छोटी चिड़ी सी वह खेलती बादलों से
रंगों को मुट्ठी में ले मेरी ओर फेंकती
पोतती कभी अपने कभी मेरे गालों पर
बादलों के बुलबुले बनाकर उड़ाती
रोशनी के उद्गम को मूँदती
दिव्य दृश्यता से भर जाती

मेरी ओर टुकुर-टुकुर ताकती
मुझे धरती से ऊपर उठाकर लिये जाती थी

मेरी अदेखी दुनिया में
कि अचानक उगा वह बनैला नाख़ून

बिटिया मगन थी अपने खेल में
और वह बढ़ा आता था उसकी ओर

मेरी आँख जम गई जैसे
वह इतनी छुटकी, कैसे पकड़ूँ उसे
कहाँ लेकर भागूँ
और वह उसकी ओर बढ़ता आता

मैं धरती की ओर भागी
समन्दर के तटों पर पड़ी सीपियों
कलमकारों की कलमों
संगीतज्ञों के वाद्यों
विद्या-भवनों
न्यायदेवी की आँखों
नारी मुक्ति की पुस्तकों
गहनों की पेटियों
फ़ैशन परेडों के प्रकाश-वृत्तों
लिपस्टिक की डिब्बियों
कहाँ छुपाकर रख दूँ उसे
जहाँ वह नुकीला बाघ सा नख न पहुँच पाए

कहाँ जाऊँ री माँ!

पूजा के कलशों
रुकी हुई पुरानी घड़ियों

निरापद साधुओं के कमंडलों
कुम्हार के आवाओं
मजूर की रोटियों के बीच
ओ माँ क्या कोई जगह नहीं
जहाँ उसके हमले का डर न हो

मैं रोती जाती
भागती, गिरती, उठती, भागती
टकराती, लड़खड़ाती
चीख़ती, बँबाती
तड़पती, भागती

वही बनैला नाख़ून मेरी नन्ही लोरी के पीछे
जिसके अनगिन घाव मेरी आत्मा पर

वह इतना शक्तिशाली अय्यार
कि छूता औरत की छाया को और वह सिहरती
वह घूरता चित्र को और वह पूर्ण निरावृत्त

मैंने उसे पूज्य ऋषियों, संतों और वलियों
की वाणियों में देखा
वह पूजाघरों और धर्म की पोथियों में छुपा रहता
कई दफ़ा पुरुष की देह से ऐसे संयुक्त
कि एक को देखो तो दूसरा दिखे

स्त्री की चुप्पी से जिसका तेज़ बढ़ता है
काली बिच्छू के डंक सा वही
पीछा करता मेरी पाखी मेरी उड़ान का

और मैं कहाँ ले जाऊँ कहाँ रख दूँ उसे
जहाँ पहुँचने का कोई रास्ता न मिले बनैले नाख़ून को

देश शव सा डूबता-उतराता था
अनन्त की नदी में
काल अर्थी की खपच्चियों सा
बिखरा जाता था
अँधेरा फैलता ही जाता था
भय सा

कितना असमंजस कितनी दुविधा
कितनी पीड़ा। कितना दुख
चारों ओर
और मैं उसे लेकर भागती ही जाती थी
अनन्त में

दृश्य एक दूसरे को काटते
परत पर परत बनाते
मेरी आँखों में कौंध रहे थे

इतनी गति, इतना वेग
ओह! इसमें तो ख़त्म हो जाएगा जीवन

अचानक ठहर सा गया सब कुछ
आँख में तैरा
सहसा धरती पर हरे पत्तों से
ढका एक मंडप
और थिर हो गया दृश्य

मंडप के नीचे
दिखी सिंदूर की डिबिया
स्त्रियों के मंगलगान के बीच
उसी में छिपा कर बिटिया को
निकलना ही चाहती थी
कि चमक उठा दादी का चेहरा
दादी के चहरे के भीतर से उभरा
नानी का मुख
और फिर बुआओं, मामियों
चाचियों, भाभियों, ननदों और सहेलियों के चेहरे
उभरते परत दर परत

गड्डमड्ड हो गए सभी चेहरे
अन्त में उभरा माँ का चेहरा स्थिर होकर

इस चेहरे को
इस मुद्रा में देखा था मैंने
बचपन में, घर के अँधेरों में
जहाँ रोती थी माँ बेआवाज़
चेहरे के साथ रोती थी माँ की पूरी देह

अभी दुख की गहरी नदी बहती है चेहरे पर
पराजय और क़ैद के अनन्त रंग
उभरते और बिलाते जाते हैं नदी में

मेरी आँखों में ठहर गया माँ का चेहरा
क़रीब आता जाता है मेरी ओर
सहसा मुख पर लगी सिंदूर रेखा से

झाँकता है हँसता हुआ बनैला नाख़ून

माँ के चेहरे की सिंदूर रेखा
चमकती है बिजली सी
ओह! कितना शान्त और निर्विकार है अब
माँ का चेहरा
और कितना भयानक यह बनैला नाख़ून

सहसा सिंदूर का पहाड़ होली के गुलाल सा
झरता है मेरी आँखों में
ओह! दूर करो, हटाओ इस सिंदूरी झरने को
अन्धी हुई जाती हैं आँखें
बन्द करने दो आँखें
गिरने दो पलकों का पर्दा
बहने दो इससे आँसुओं की धारा

रोती जाती हूँ
साफ़ करती हूँ आँख का सिंदूर
दिखाई दे कुछ

रोती लौटती हूँ सिंदूर की डिबिया की ओर
लेकर भागती हूँ अपनी सपनप्रिया को

भागती हूँ
भागती ही जाती हूँ अनन्त में

अनन्त में झरते हैं परदे
घूँघट और बुरक़े

चूड़ियाँ और बिंदियाँ
पाजेब और कर्ण-फूल
लिपिस्टिक और आईलाइनर
मंगलसूत्र और बिछिया

झरता जाता है सिंदूर

देखती हूँ बन गया है कचरे का पहाड़
हिमालय से भी बड़ा

मेरी गोद से उतर कर
बिटिया मेरी
इस कचरे पर पाँव रखती
चली जाती है अनन्त की ओर

उसकी आँखें पृथ्वी सी दीख पड़ती हैं अभी
जैसे पृथ्वी ही हुई जाती है वह
अपनी ही धुरी पर
अपनी ही गति से
चलती चली जाती है अनन्त में

समुद्र में आकाश

प्रतिरूप

'देह एक दिन
आत्मा का प्रतिरूप बन जाती है
नदियों, पहाड़ों, ऋतुओं
पक्षियों, जीवों और वनस्पतियों के साथ रहते
आत्मा फेंक देती है
सभ्यता का कचरा
और हो जाती है पर्वतों के जल
आकाश और हवा की तरह साफ़
देह आत्मा का प्रतिरूप बन जाती है'

'प्रतिरूप!' उस युवती ने डूबती साँझ के साथ
मुझे रोका था

बीसों साल हो गए
एक पहाड़ी महानगर के नज़दीक बसे
इस गाँव में
लोगों को जीने की कला सिखाते
यह बात कहते भी बीत गए बीसों साल

पर हुआ नहीं कभी ऐसा
कि कोई अटका हो इस शब्द पर

नगरों महानगरों की ज़िन्दगी का बोझ उठाते
थक गए स्त्री पुरूष
बरस दर बरस
आते हैं मेरे सामने
कुछ दिन रहते हैं यहाँ पहाड़ों पर मेरे साथ
और थोड़ी सी ज़िन्दगी
और उम्मीद की धूप लेकर
लौट जाते हैं वापस
अपनी उसी धूल, धुएँ और काँटों भरी ज़िन्दगी में

पर कोई तो नहीं ठिठका
कभी इस तरह
जैसे यह युवती

मैदान में अभी-अभी उतरी
पहाड़ी नदी सी
वह खड़ी थी मेरे सम्मुख
संयत

'क्या कोई प्रतिरूप नहीं तुम्हारा'
उसकी आँखों मे सवाल था या आमंत्रण
मैं उतर ही रहा था
आत्मा की अँधेरी बावड़ी में
कि तेज़ रोशनी से जगमग हो उठा उसका चेहरा
'मुझे संगी चाहिए तुम जैसा'

निष्कलुष पहाड़ी धूप के झरने सी
वह झर रही थी मुझ पर
मैं एक बूढ़ा होता पेड़ खड़ा था
नहाता उस धूप में

बूढ़े होते पेड़ भी छोड़ते हैं गोंद
उतारकर पुरानी छाल
पहनते हैं नई छाल
गिराते हैं पीले पत्ते
और धारण करते हैं नये पत्ते
जब तक जीते हैं धरती पर
देते हैं हवा, छाया, पत्ते, फूल और फल

मैं जीवन की कला सिखाता
एक शिक्षक
खड़ा था जीवन के सामने
मौन!
निस्तेज!
असहाय!!

एक धुन

एक धुन
मेरे भीतर मचल रही है

बरसों पहले सुनी
इधर बिसर सी गई
उस धुन को
गाते हुए
मेरे भीतर
ओस की तरह
गिर रही है
अतीत की एक फाँक
धीरे-धीरे

एक दिन आधा बीता
आज लेकर आया है
अपने साथ
आधा अनबीता

उस आधे दिन
बातों बातों में
लगभग राख हो चुकी चाय
पी जा रही है आज
चुस्कियाँ लेकर

एक फूल का रंग
उस अनबीते से निकलकर
आज मेरे भीतर
ठंड की धूप की तरह गुनगुना रहा है

स्मृतियों के पेड़ के नीचे पसरी छाया
इस धुन की धीमी हवा से
नाच सी रही है मन की धरती पर

एक धुन मेरे भीतर मचल रही है

तुम्हारी याद

सन्नाटा अभी
धरती पर गिरकर
दरक गया है

एक सितारा
अभी खिला है
देर रात

एक आँख
एकटक देख रही है
उसकी ओर

रूठी हुई है
यह रात

सन्नाटा अभी
धरती पर गिरकर
टूट गया है

उदासियाँ

पुराने घड़ों के बासी पानी की तरह
उदासियाँ मेरी बातों में बसाती हैं

वे न अपने आने की वजह बताती हैं
न ठहरने का पता, न जाने का रास्ता

वे एक पुराने दोस्त की तरह
यूँ ही चली आती हैं

मेरी आत्मा का इतिहास
भरा है उनके घातों से
उनके हमलों के घाव
समय की धूल तले
अभी भी जीते हैं

तुम्हारा जाना

जैसे कुछ छूटा जाता है
हाथ से
जैसे कुछ उड़ा जाता है
फिसल कर हवा में

पाँव काँपता है
अकेलेपन में

आँखें देखना नहीं चाहतीं
यह दृश्य
पर लालच से
देखती रहती हैं
दृश्य ख़त्म होने के बाद भी

आँखों में बस जाता है
अन्तिम दृश्य

पीछे से दिखती है
तुम्हारी पीठ

और तुम्हारा मुड़कर
देखना

अभी थोड़ी देर पहले
यह दृश्य
जीवित था गतिमान
अब आँखों में
ठहरा है
स्मृति सा

जाना और उदासी
जुड़वाँ हैं

तुम बरसों पहले
गई थी
इस तरह
जैसे अभी अभी
गई हो

समय के पार से
आती है उदासी
और जाना
जीवित हो जाता है
ठीक अभी अभी कटे
फल सा ताज़ा

जो छूट गया

बहुत गहरे कुएँ से
इस दिल में
वह छुपा रहता है अँधेरे में
जल की परतों में सबसे नीचे
स्मृति जल सा

एक अधबनी तसवीर सा
वह कसकता है

रोशनी की दो फाँकों के बीच फैले
अँधियारे सा वह जगमगाता है

बिन बरसे लौट गए बादल सा
वह बरसने को मचलता है

अनुष्ठान के लिए आए दीयों सा
वह प्रतीक्षा में
ज़िन्दगी भर जलने की राह तकता है

मेले में बिछड़ गए बच्चे सा
वह रोते रोते
सबकी ओर उम्मीद से देखता है

गोरसी में राख के ढेर में दबी आग सा
वह सुलगता है भीतर ही भीतर

दोगाने की खो गई आवाज़ को
ढूँढ़ता सा वह
आवाज़ों के बियाबान में खो जाता है

समुद्र में आकाश

यह सच है
कि उसने ख़ुद कभी नहीं कहा ऐसा

पर उसे चाहिए था वह सब
जो चाहिए था उस जैसी सबों को

मैं एक साथ
चार अलग अलग दिशाओं में गया

एक दिशा में
नदी के भीतर की सुरंग से होकर
पर्वत की खोह तक पहुँचा
जहाँ एक गंधर्व ने
अनन्त समय तक मुझे गलाया

मैं गला और वह अदृश्य
मैने देखा
बन गया मेरा चेहरा

अलग-अलग दिशाओं में
ऐसे, ऐसे मैंने पाया वह सब
जो चाहिए था उसे
और उस जैसी सबों को

उन सब चीज़ों को एक पोटली में बाँधकर
जब गाँव वापस आया
वह स्त्री कहीं नहीं थी

वह सब कुछ से डरती थी

सावन की झड़ी में
मेरे हाथों में तने छाते के नीचे नहीं आई वह
माघ की ठंड में
धूप के उस टुकड़े से बाहर ही रही
जो मुझे घेरे था
जेठ की तीखी दुपहरी में
वह पेड़ की उस छाँव में नहीं आई
जो मेरे सर पर थी

वह मुझसे दूर भागती
और उसके भीतर का समुद्र
ज्वार लेकर मेरी ओर

मेरे क़रीब वह गाँवों के पुराने घरों जैसे ही
एक घर का चित्र बनाती
और कहती—'इसके सामने मैं एक पेड़ लगाऊँगी'

घर के पुरानेपन की याद
भाटे की तरह उसे वापस ले जाती

मैं उससे मिलना चाहता हूँ
माँगना चाहता हूँ
समुद्र में आकाश की छवियाँ

उसके दरवाज़े पर देखना चाहता हूँ एक पेड़
पेड़ की किसी डाल पर
लटका आना चाहता हूँ वह पोटली

गीतों से कुछ यादें

कहीं भी, कभी भी
राह चलते या ठहरे में
खुलती सुबह
या गहराती शाम से किसी क्षण में
अचानक शुरू होता है कोई गीत

निस्तेज तारों को
छूते हैं सुर
चूमते हैं शब्द
धीरे धीरे एक गीत की चमक से
भर उठते हैं तारे

जीवित होती जाती है एक वीरान
सोई हुई दुनिया
रोशनी से भर उठते हैं यारबाज रंग
ठहरी हुई चीज़ों में होती है जुम्बिश
पुरानी कहानी दृश्यावलियों में बदलने लगती है

प्रकाशित होता जाता है
तुमसे मिलने के क्षणों का सब कुछ

कड़ी उमस भरी धूप में छाँव का सुख
पनछुछही और ठंडी चाय की सबसे अच्छी चुस्कियाँ
बातों की कुल्हाड़ी से
कटते जाना समय के पहाड़ का
कुछ लोगों का घूरना बिदुराते

सड़ी निबौलियों की बू से भरी हवा में
बेला की ख़ुशबू
उमस भरी बारिस की उस शाम
चट्टान पर चढ़कर बादलों से
नेनू के लोंदे की तरह खेलने की इच्छा
सैकड़ों फुट ऊपर से गिरती नदी का
एकाएक चुप हो जाना
और निहारने लगना मुझे
बारिस में छत पर लटकी
पानी की बूँदों से मेरे जीवन का
बहने लगना
ढेर सारा कहने के लिए चली नदी को
स्वयं ही बाँध लिये जाने की बेचैनी
ताज़े लिखे काग़ज़ की ख़ुशबू

रोशनी के टुकड़े सभी क्षणों को
ममता से भरते हैं

इन गीतों में सुनाई देती है
आज भी
तुम्हारी ही आवाज़
मेरी आवाज़ के साथ

गीतों के पूरा होने के बाद का सूनापन
गाढ़ा होता गया है धीरे-धीरे

याद

भरे थनों वाली दुधारू गाय सी
वह एक जानलेवा
दोपहर
मेरे सामने दौड़ी चली आती है।
पराजित
अभी!
ठीक अभी!!